Introducción a la mística de san Juan de la Cruz

Introducción a la mística de San Juan de la Cruz

Isaías A. Rodríguez

ABINGDON PRESS / Nashville

INTRODUCCIÓN A LA MÍSTICA DE SAN JUAN DE LA CRUZ

Derechos reservados © 2009 por Abingdon Press

Todos los derechos reservados. Se prohíbe la reproducción de cualquier parte de este libro, sea de manera electrónica, mecánica, fotostática, por grabación o en sistema para el almacenaje y recuperación de información. Solamente se permitirá de acuerdo a las especificaciones de la ley de derechos de autor de 1976 o con permiso escrito del publicador. Solicitudes de permisos se deben pedir por escrito a Abingdon Press, 201 Eighth Avenue South, Nashville, TN 37203.

Este libro fue impreso en papel sin ácido.

A menos que se indique de otra manera, los textos bíblicos en este libro son tomados de la *Santa Biblia*, Edición de Estudio: Versión Reina-Valera 1995, Edición de Estudio, derechos reservados de autor © 1995 Sociedades Bíblicas Unidas. Usados con permiso. Todos los derechos reservados.

ISBN 978-0-687-65706-3

Library of Congress Control Number: 2009905359

09 10 11 12 13 14 15 16 17 18–10 9 8 7 6 5 4 3 2 1
HECHO EN LOS ESTADOS UNIDOS DE NORTEAMÉRICA

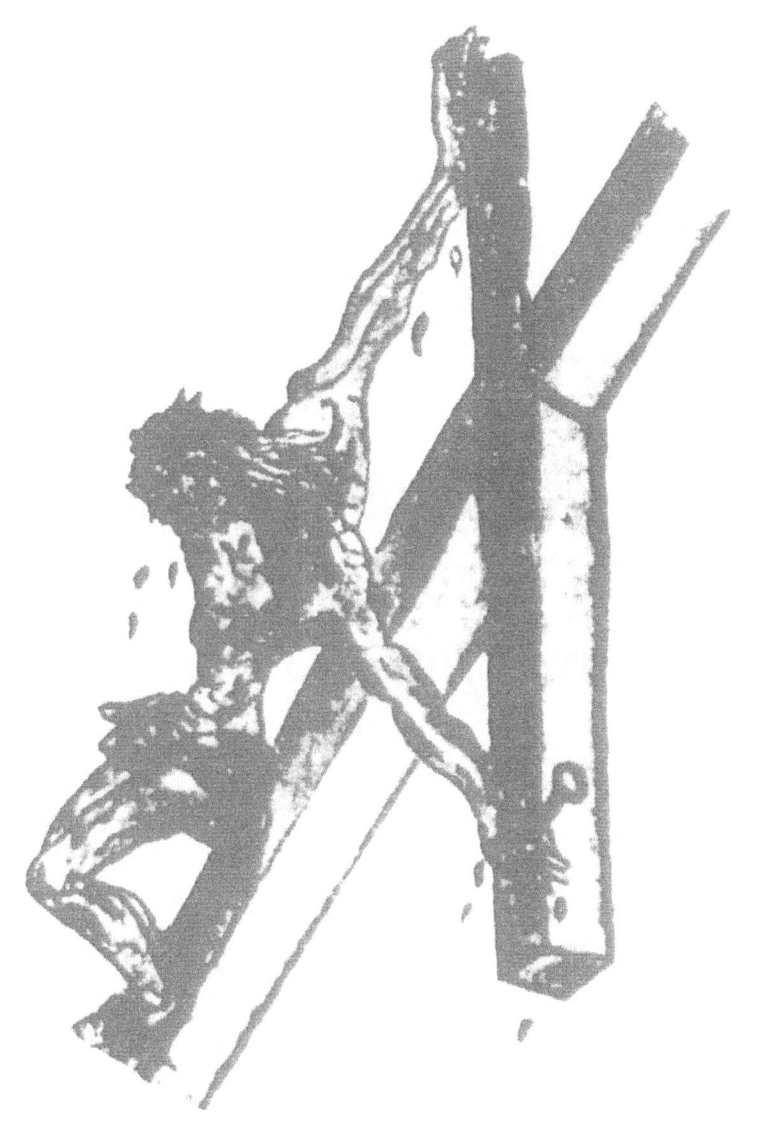

En este dibujo de san Juan de la Cruz se inspiró Salvador Dalí para pintar su famoso Cristo.

ÍNDICE

Prólogo 11

Introducción 17

PRIMERA PARTE
El perfil de un místico: su importancia para el mundo moderno

Capítulo 1
Un santo que resplandece 29
    1. Un santo que es noticia actual 29
    2. Vida 30
    3. Escritos 32
    4. El objetivo de su vida 33
    5. Autoridad doctrinal 35
    6. Significado espiritual 36

SEGUNDA PARTE
La *Subida del Monte Carmelo*

Capítulo 2
El camino de Dios 39
    1. La obra 39
    2. "Buscando mis amores..." 40
    3. En camino 41
    4. Un ascenso escalonado 42
    5. Equipados para el camino 43

6. Los primeros pasos 45
  7. La meditación 46
  8. Todo – nada 47
  9. Caminar…sin parar 50
  10. Pedagogía divina 51
      Recapitulación 52

Capítulo 3
La transformación total 53
  1. Transformación radical 53
  2. Transformación espiritual 54
      a. El entendimiento 55
      b. La memoria 55
      c. La voluntad 57
  3. "Interior recogimiento" 58
      Recapitulación 60

TERCERA PARTE
La *Noche oscura*

Capítulo 4
La Noche oscura 63
  1. La obra 63
  2. El símbolo 65
  3. El contenido 66
      a. Noche del sentido 67
      b. La contemplación 69
      c. Señales del estado contemplativo 71
      Recapitulación 73

Capítulo 5
Hacia la unión 75
  1. Desposorio místico 75
  2. "Horrenda y espantable noche para el espíritu" 78
      a. Purgación e iluminación 79
      b. Purificación total 82
      Recapitulación 85

CUARTA PARTE
El *Cántico espiritual* y la *Llama de amor viva*

Capítulo 6
Un cántico de amor 89
   1. La obra 89
   2. Matrimonio espiritual: unión transformante 97
   3. Vivir amando 101
   4. Morir de amor 103
      Recapitulación 105

Capítulo 7
La *Llama de amor viva* 107
   1. El poema 107
   2. La obra 108
   3. Realidad inefable e increíble 109
   4. Amor calificado y trinitario 113
   5. Amor sublime 115
   6. Dios es "lo Santo, el Otro, misterioso" 119
      Recapitulación 119

Apéndice 1
   Sobre la meditación 121
   A. Un método tradicional 121
   B. Algunas observaciones sobre este método 123

Apéndice 2
   Reflexiones finales sobre la aportación de los
     místicos 127

Bibliografía 129

Prólogo

Hay palabras que, como monedas viejas que mucho han circulado, pierden su perfil. Una de ellas es precisamente la que constituye el tema de este libro, "mística". Para algunas personas, es "místico" quien se dedica a adivinar el futuro, o a contemplar las estrellas y calcular cómo sus movimientos pueden afectar la vida, o a no hacer nada sino mecerse con los ojos cerrados y meditar. Para otros, un "místico" es una persona ultrasensible, fastidiosa, que con nada se contenta. Así a veces le decimos a algún amigo, "no seas tan místico" cuando alguna comida no le complace. Para otros, es "mística" la persona que se dedica de tal modo a contemplar las realidades celestiales que se desentiende por completo de las terrenas —como el famoso caso del filósofo que, por ir mirando a las estrellas, cayó en un pozo.

Hay razones para tal confusión. Etimológicamente, hay una relación estrecha entre la "mística" y el "misterio". Y la palabra "misterio", quizá aún más que "mística", nos llega cargada de una enorme y confusa multiplicidad de sentidos. Una novela de misterio es una obra en la que se comete algún crimen, y la tarea del héroe o heroína consiste en descubrir quién lo cometió, frecuentemente mediante una serie de claves que el autor o autora va introduciendo solapadamente en la narración. En el uso común, hablamos de un "misterio" cuando todavía no sabemos la razón de algo, o la respuesta a una duda o dificultad. Así, por ejemplo, decimos que para los antiguos la estructura del átomo fue un misterio, o que dónde pusimos alguna cosa perdida es un misterio, o que el instinto de los salmones de regresar a su lugar de nacimiento es un misterio. Ciertamente, todas esas cosas nos causan perplejidad, y el único modo de sobreponerse a tal perplejidad es resolver el supuesto misterio.

Pero hay otro sentido más profundo en el que hablamos de "misterio". Quizá el mejor modo de entenderlo sea comenzando con una imagen de la cotidianidad: si no sabemos por qué una persona se conduce de algún modo, decimos que es "un misterio". Por qué Fulano tiene tan mal genio es un misterio; y también lo es por qué Mengana es tan servicial. En tales casos no estamos diciendo que, si tan sólo estudiáramos mejor a Fulano o a Mengana, el misterio se resolvería. No; hay algo en Fulano y en Mengana que nos es impenetrable, porque nos somos Fulano ni Mengana, sino que somos otros. El misterio no es entonces lo que no todavía no tiene explicación, sino lo que se encuentra más allá de toda explicación, lo que de por sí es otro.

Ese ejemplo nos puede servir entonces para entender lo que se quiere decir cuando se habla del Misterio de Dios y de la mística. El Misterio de Dios no es un rompecabezas o una adivinanza que debamos resolver. El Misterio de Dios no consiste en lo que todavía no sabemos —aunque no cabe duda de que algún día sabremos más de Dios, pues "ahora vemos como por espejo, en oscuridad, mas entonces veremos cara a cara; ahora conocemos en parte, mas entonces conoceremos como somos conocidos." El Misterio de Dios está en el hecho de que Dios es radicalmente Otro. Si el misterio en la conducta de Fulano está, no sólo en que no entendamos todas sus acciones, sino también en la otridad de Fulano, así también, pero en un grado superlativo, el Misterio de Dios está en que Dios es otro. En el caso de Fulano, lo único que nos cabe, para entenderle aunque sea un poco, es amarle. ¡Y lo mismo sucede en el caso de Dios!

Es a ese Misterio que la verdadera mística se refiere. La verdadera mística no trata de descubrir los secretos de Dios. La mística no se dedica a saber cuándo viene Jesucristo, o a saber cómo es que el Trino Dios es Uno. Y mucho menos se dedica a manipular a Dios para que se someta a nuestros antojos y nos dé lo que le pedimos. La verdadera mística se dedica a contemplar, experimentar y amar al Dios que, precisamente por ser Dios, es Misterio.

Hay una anécdota —quizá apócrifa, pero en todo caso con una enseñanza que es verdad— acerca de Pablo Picasso. Se cuenta que un día, cuando se exhibía una de sus pinturas, Picasso escuchó a alguien decir, "eso no lo entiendo". El pintor le preguntó a tal persona: "Dígame, señor, ¿qué cenó usted anoche?" "Pues un asado", le contestó el aludido. A lo que el artista respondió con una nueva pregunta: "¿Le gustó?" "Pues sí", dijo el otro. Con una sonrisa, Picasso le puso fin a la conversación con una última pregunta: "Entonces, ¿lo entendió?" Ciertamente es bueno entender lo que es un asado, cómo se prepara, y hasta cómo se componen sus moléculas. Pero el mejor modo de enfrentarse a un asado no es entenderlo, sino disfrutarlo. Lo mismo sucede en el caso de un paisaje. Podemos analizarlo, explicarlo, desmenuzarlo en cada una de sus piezas. Pero en fin de cuentas el paisaje no se entiende si no se le ve como un todo, si no se le disfruta, si no se le ama. Y todo esto nos ayuda a ver lo que la mística nos dice acerca de Dios. Ciertamente es bueno tratar de entender todo lo que de Dios nos sea dado entender. Pero a la postre el mejor modo de entender a Dios es amarle, sumergirse en su amor, dejarse llevar por él como quien se deja llevar por la corriente de un río....

Cuando tal cosa sucede, el Misterio, en lugar de ser un rompecabezas que resolver o un enigma que descifrar, es una realidad para amar. Algunos de los místicos medievales —San Buenaventura, por ejemplo— hablaban de un conocimiento de Dios "por exceso". Lo que querían decir con esto es que a Dios no se le puede entender, como a las cosas, envolviéndolas en la mente. Cuando conozco una mesa, de algún modo la mesa está en mi mente. Cuando conozco una doctrina acerca de Dios, esa doctrina está en mi mente. Pero cuando conozco a Dios "por exceso" lo que sucede es más bien que experimento mi propio estar en la mente de Dios. En cierto modo, es Dios quien me conoce; y es porque sé y experimento que Dios me conoce —que es lo mismo que decir que Dios me ama— que yo conozco a Dios.

En eso consiste la verdadera mística. Y esa mística es tan importante, que en los primeros siglos de vida de la iglesia cuando se llamaba a alguien "teólogo" no se quería decir que supiese mucha doctrina, sino que conocía y experimentaba el amor de Dios.

Es de eso que trata el presente libro. Aunque en él se ofrecen pistas acerca de cómo seguir el camino de los místicos, y en particular de san Juan de la Cruz, lo más importante que en él se nos muestra es cómo el amor hacia Dios —el amor al Dios que nos amó primero, y desde toda la eternidad— le da nuevo sentido a la vida. Si tiene razón san Agustín en las tan citadas palabras al principio de sus *Confesiones,* que Dios nos hizo para sí y que nuestras almas no descansarán hasta no encontrarse en Dios, el camino de los místicos no es sino el camino para el cual hemos sido creados, el camino por el cual llegamos a nuestra verdadera felicidad.

Esa felicidad se encuentra en lo que san Juan de la Cruz llama la "hermosura" de Dios. De manera semejante a como, al contemplar un paisaje, su hermosura nos produce gozo, así también, pero en un grado superlativo, la contemplación de Dios, y el sumergirnos al fin en el ser de Dios, nos produce gozo y bienestar.

El místico no lo hace entonces para que Dios a su vez haga lo que el místico desea. De esa supuesta religión cuyo propósito es manipular a Dios tenemos ya demasiado en nuestros días. Tampoco lo hace el místico para alcanzar la salvación. Bien lo dijo Calvino en su *Respuesta a Sadoleto*: una religión cuyo único propósito sea la salvación propia no merece el nombre de cristiana. No; el místico lo hace porque la hermosura de Dios le arroba; lo hace porque en el amor de Dios encuentra su felicidad y su verdadero ser.

La vida mística es también un camino. En buena parte de la tradición mística, se habla de ese camino como una subida. A ello se refiere san Juan en su *Subida al Monte Carmelo*. Y cuatro siglos antes Buenaventura escribía sobre el *Itinerario de la mente hacia Dios*. Si una vez más tomamos el ejemplo de la contemplación de un paisaje, recordamos de inmediato que san Juan nos habla de "la noche sosegada", de "valles solitarios nemorosos" y de "ínsulas extrañas". El místico, como un explorador que va escalando un monte, cada vez ve nuevos horizontes, nuevas hermosuras, nuevas dimensiones de la tierra misma en que vive.

Pero necio sería el explorador que se introdujera en tierras ignotas sin antes armarse de todo el conocimiento adquirido por otros exploradores. En esta gran escalada que es la vida mística, tenemos mapas, brújulas, diarios y experiencias de quienes nos precedieron —en particular, de maestros de la espiritualidad como Gregorio de Nisa, el Maestro Eckhardt, santa Teresa de Jesús, Juan Wesley y, en el caso que aquí nos interesa, san Juan de la Cruz. Seguimos en sus pasos. No siempre concordaremos con el camino que tomaron, y haremos nuestras propias exploraciones. A veces veremos lo que ellos no vieron. Otras veces lo que ellos vieron nos abrirá los ojos ante lo que de otro modo no veríamos. Después de todo, no es a ellos a quienes seguimos, sino a Jesucristo. Pero, como seguidores de Jesucristo que ellos fueron, son también guías para quienes hoy emprendemos una escalada semejante a la de ellos.

En ocasiones, el mapa mismo necesita explicación e interpretación. Si alguien no nos hubiera enseñado a leer mapas, no veríamos más que una serie de líneas y marcas indescifrables. San Juan de la Cruz nos ofrece valiosísimos mapas; pero frecuentemente son difíciles de leer. Y es aquí que entra en juego el libro que ahora nos ofrece Isaías Rodríguez. No cabe duda de que Rodríguez conoce el pensamiento y la mística de san Juan. De ello hay sobradas pruebas en las páginas que sigue. Pero no pretende este libro sustituir a san Juan en lo que pueda decirnos, sino ayudarnos a entender eso que san Juan nos está diciendo, esos caminos que va señalando, esas vistas que va describiendo. Léalo, apreciable lector o lectora, como fue escrito: no para que nos enteremos de lo que dijo san Juan de la Cruz, sino para que de él tomemos pauta para esa peregrinación que es la vida —ese peregrinación que la vida será hasta, que, con el decir de Agustín, descansemos en el seno de Dios.

Y léalo, no como una solución a los misterios, sino como una invitación al Misterio —al Misterio inefable, pero más real que la realidad misma; al misterio arrobador de la hermosura y del amor de Dios.

Agradezco al Reverendo Canónigo Anthony Guillén, quien dirige la Oficina del Ministerio Hispano de la Iglesia Episcopal, por haber logrado un donativo de la Sociedad Misionera de esa denominación para apoyar este proyecto

Justo L. González

Introducción

El interés por la espiritualidad se acrecentó de una manera asombrosa en la última parte del siglo XX. De ser campo reservado para los especialistas religiosos pasó a ocupar la palestra no sólo de la vida religiosa sino de la sociedad entera.

El origen próximo de tal eclosión lo vemos en el Concilio Vaticano II (1962-65). Ese concilio acercó a confesiones cristianas que habían permanecido hostiles durante más de cuatrocientos años. También favoreció las relaciones con religiones no cristianas. Tal apertura promovió el interés por lo espiritual en todo el mundo.

En la iglesia católica el tema de la espiritualidad siempre había sido central, aunque relegado a quienes estaban consagrados de una manera especial a la vida religiosa. Sin embargo, ese concilio amplió el marco de referencia insistiendo en que todos los fieles están llamados a la perfección. Con tal apertura interna y externa hacia todo el campo religioso, no cabe duda que se había de dar una fermentación que madurara en la eclosión espiritual actual.

Sin embargo, el concepto de espiritualidad, que para algunos podría estar claro, con esta nueva fertilización empezó a oscurecerse de tal manera que el comentarista y escritor estadounidense Bill Moyers podría afirmar en su obra *The Future of Our Past* que "el asunto más importante de todo el siglo XX era el definir qué significa espiritual".

Hoy día la palabra "espiritual" se usa tan profusamente que uno no da fe a lo que ve y oye. El tener "una conversación espiritual" lo mismo aparece en labios de un financiero que de un comentador de la televisión. Otros afirman la importancia de la espiritualidad, pero al mismo tiempo aseguran no estar interesados en la religión institucional. Evidentemente, tales personas desconocen el significado apropiado y clásico del término "espiritual" y se refieren con él a sentimientos, emociones, operaciones psíquicas, o incluso a un interés filosófico por el más allá, por algo que dé sentido a la vida. Ofrecemos una definición de Peter Van Ness, profesor de religión en la Universidad de Columbia, Estados Unidos: "Es el esfuerzo por logar una relación óptima entre lo que uno verdaderamente es y la realidad entendida como una totalidad cósmica". Desde el campo tradicional cristiano la que nos da Federico Ruiz Salvador es una de las más completas: "Teología espiritual es la parte de la teología que estudia sistemáticamente, a base de la revelación y de la experiencia cualificada, la realización del misterio de Cristo en la vida del cristiano y de la Iglesia, que se desarrolla bajo la acción del Espíritu santo y la colaboración humana, hasta llegar a la Santidad".

Esta amplitud del tema espiritual a una escala mundial es lo que ha dado lugar, según Eulogio Pacho, al estudio de la "espiritualidad comparada".

No cabe duda que, a pesar de la vaguedad que pueda implicar esta situación actual, hay manifiesta una verdadera hambre de algo más sabroso que lo que pueda ofrecer todo el bienestar y confort de la sociedad contemporánea.

Mencionar aquí todos los santos –de todas las religiones– que han aportado contribuciones al campo espiritual sería tarea de nunca acabar. Sin embargo, creo oportuno presentar algunos más cercanos a nosotros que han brindado una aportación notoria. Sólo dentro del campo cristiano, algunos son santos reconocidos, otros todavía no oficialmente: Teresita del Niño Jesús (1873-1897), Isabel de la Trinidad (1880-1906), Charles de Foucauld (1858-1916), Teresa Benedicta de la Cruz o Edith Stein (1891-1942), Thomas Merton (1915-1968), Thomas Keating (1923-), John Main (1926-1982), Basil Pennington (1931-2005), Bede Griffiths (1906-1993), Henri Le Saux (1910-1973). Algunos de éstos han extendido un puente de contacto con religiones orientales, especialmente con el hinduismo. He aquí un pensamiento de Bede Griffiths: "Conozco al Espíritu Supremo, radiante como el sol, que supera toda oscuridad. Quien conoce a este Uno irá más allá de la muerte, porque es el único camino que conduce a la vida inmortal".

Otro aspecto importantísimo en el ámbito de la espiritualidad cristiana ha sido la recuperación de la liturgia como auténtica fuente de vida espiritual. Esa corriente arranca del siglo XIX con el Movimiento Litúrgico que habría de originar grandes figuras que transformarían la adoración y liturgia cristiana. Uno de los pioneros y más importantes fue Prosper Guéranger (1805-1875). Cuando Guéranger y los monjes de Solesmes, en 1837, empezaron a hablar de este tema, parecía que se pronunciaran en contra de la arraigada costumbre de la oración mental. Con respecto a esto, Guéranger dijo: "Al afirmar la inmensa superioridad de la liturgia sobre la oración individual, no decimos que los métodos individuales hayan de ser suprimidos; solamente queremos colocarlos en su lugar apropiado".

Un decidido promotor de la liturgia como fuente de vida espiritual fue el carmelita descalzo Jesús Castellano (1941-2006), que escribió: "Una auténtica espiritualidad cristiana no puede dejar ser litúrgica".

El misticismo

Una parcela de suma importancia dentro del amplio campo de la espiritualidad es la que se ocupa del misticismo. Al término misticismo le ha sucedido algo parecido al de "espiritualidad". Se usa con mucha imprecisión. Siempre ha sido difícil de fijar por su elevado contenido espiritual. Pero hoy, con frecuencia, se emplea para referirse a cualquier fenómeno religioso desconocido.

Ciertos teólogos protestantes como Barth, E. Brunner, Heiler, Ritschel, Söderblom, Troeltsch, von Harnack, han contribuido a incrementar la confusión sobre el término místico. Separan la experiencia descrita en la Biblia de cualquier otra experiencia de religiones orientales y las consideran mutuamente irreconciliables. Para tales autores pareciera que no existen experiencias religiosas fuera del campo bíblico. Por la misma razón rechazan la tradición mística cristiana, por encontrar ciertas relaciones y raíces en la cultura filosófica helénica. También creen que los místicos no salvan la trascendencia absoluta divina. Sobre este tema véase lo que decimos ya al final del libro sobre "Dios es lo Santo, el Otro, misterioso" y como tal es reconocido por el Santo.

Tal estrechez de miras y de pensamiento teológicos es raro hoy. Es prácticamente imposible rechazar o ignorar la abundancia de testimonios que nos hablan de experiencias místicas; personas, por otra parte, de gran reputación personal, de conducta intachable y de equilibrio psicológico puesto a toda prueba. Estas personas, a través de los tiempos, y en todos los lugares del planeta han dado prueba de una experiencia real y sublime, con fenómenos similares o idénticos que apuntan a una realidad divina superior que se relaciona con el ser humano, pero que al mismo tiempo se mantiene *escondido, Deus absconditus*. Véase lo que decimos sobre este aspecto en el último punto de este libro.

La apertura religiosa anteriormente mencionada hizo populares y atractivas prácticas religiosas llegadas del mundo oriental. Las grandes religiones o movimientos religiosos como el Budismo, el Hinduismo, el Islam, dieron a conocer sus técnicas de oración y meditación para relacionarse con lo divino.

Hoy día hay por todo el mundo centros donde se practican técnicas orientales de relajación y concentración. Algunos, sin duda alguna, buscan un verdadero encuentro con Dios, otros, simplemente desean superar el estrés de la vida.

En la larga historia de la Iglesia ha habido muchos místicos, unos más grandes que otros. Y, no todos ellos han podido manifestar sus vivencias por escrito de una manera clara y lúcida. En este trabajo que ofrecemos al gran público, presentamos al místico por excelencia, san Juan de la Cruz. Un Santo de un misticismo altísimo, que supo describirnos como nadie esa alta experiencia espiritual que se desarrolla en el alma que ha descubierto a Dios y se ha unido a él. Un Santo al que cada día se estudia con mayor interés, precisamente por todo lo que hemos apuntado hasta este momento.

La lectura de las obras del santo español no es fácil por varias razones. Entre ellas, porque escribe con lenguaje técnico y simbólico, para personas ya avanzadas en el camino espiritual. También manifiesta evidentemente su mundo teológico, que hoy podría sorprender a mentes del siglo XXI. Nos encontramos así ante un fenómeno que cae dentro del campo de la interpretación cultural. De otra manera, podríamos llamarlo buen uso del sentido común, para comprender que se trata de una interpretación cultural. Todo ser humano es hijo de su medio ambiente; en él vive y por medio de este se manifiesta. Hay que tenerlo en cuenta. Dios así lo acepta. Cuando los grandes místicos de la historia, pertenecientes a todas las religiones, se encuentran con el Ser Absoluto que llamamos Dios, éste no les corrige sus creencias, acepta de donde vienen siempre que presenten un documento de identidad que diga: amor apasionado.

Siempre he pensado que sería sumamente interesante agrupar con la imaginación a místicos pertenecientes a todas las religiones, como Buda, Confucio, Lao Tze, Sri Krishna, Acharya Sankara, Tota Puri, Sri Ramakrishna, Ramana Maharshi, Gandhi, Maestro Eckhart, san Juan de la Cruz, santa Teresa de Jesús, en un mismo lugar, para constatar cómo, a pesar de pertenecer a culturas muy diferentes, y con la imposibilidad de comunicarse en la misma lengua, se daría entre ellos un entendimiento profundo gracias a un discernimiento intuitivo de su elevado estado espiritual. Todos se encuentran unidos a ese poder espiritual altísimo que llamamos Dios. Todos han usado una "filosofía perenne" que diría Aldous Huxley. Una vez que han traspasado el umbral cultural de este mundo, se han encontrado con el único y mismo Dios. Sin embargo, han usado términos muy diferentes para mencionar esa realidad superior que transciende toda reflexión intelectual. Por ejemplo, del Budismo Zen, Tomás Merton ha dicho que "no es otra cosa que san Juan de la Cruz sin el vocabulario cristiano".

Theihard de Chardin tiene un pensamiento muy pertinente a lo que estamos diciendo: "Permanece en tu camino, pero camina siempre hacia arriba para lograr un conocimiento y amor más profundos. En la cumbre, encontrarás a quienes, de todas las direcciones, han hecho la misma escalada. Pues todo lo que asciende ha de converger". Si somos fieles a nuestra tradición espiritual, sin duda alguna estamos actuando bajo la mirada divina. Lo importante es amarnos, todos los seres, como verdaderos hijos de Dios; las diferencias culturales para Dios son juego de niños. Jesús lo dijo de una manera muy sencilla: el Padre celestial "hace salir el sol sobre malos y buenos y hace llover sobre justos e injustos" (Mt. 5, 45). Dios hace que alumbre el sol y que la lluvia caiga sobre cristianos, judíos, musulmanes, budistas, hindúes, etc. Extiende su mano providencial sobre todos.

Cuando estudiamos las obras de los grandes místicos podemos observar que tanto en los consejos que dan, como en las vivencias que manifiestan, todos se encuentran en una cumbre espiritual que supera la experiencia común del resto de los mortales.

Ahora bien, William Ralph Inge, en su obra *Misticismo en la religión* (1947), afirma que "si lo que los místicos experimentaron es verdad, si han estado en comunión con el Espíritu de Dios, tal aserción es de una importancia extraordinaria, que se ha de tener en consideración a la hora de entender a Dios, al mundo y a nosotros mismos". Efectivamente, leyendo a los místicos, especialmente a san Juan de la Cruz, empezamos a entender mejor la razón y el porqué de nuestro existir; entendemos mejor la naturaleza del ser humano y de su actuar; comprendemos mejor la relación que hay entre el ser humano y Dios, y la distancia y cercanía que –paradójicamente– existe entre ambos.

Los místicos nos descubren vislumbres de eternidad, de un más allá que desconocemos, pero con el cual podemos entrar en contacto. Sus enseñanzas nos afianzan en una esperanza firme de lograr un día lo que ellos ya han gustado en esta vida. Y aprendemos mucho más de Dios, por todo lo que de Dios nos cuentan. En una palabra, aprendemos teología, ciencia de Dios. Una ciencia de Dios que se ejerce no a base de especulaciones mentales o de consensos académicos, sino de amor.

El estudio de los místicos de todas las religiones nos ayuda a ser más tolerantes y flexibles unos con otros. Su lectura favorece el ecumenismo y las coaliciones interreligiosas. Esto incrementa la compresión y el mutuo convivir de los humanos. En las últimas décadas hemos visto que el mundo se ha achicado de una manera jamás antes soñada. Ha sido fruto de la tecnología. Las relaciones mundiales cada día se estrecharán más a todo nivel. Estoy seguro de que las religiones han de contribuir de una manera decisiva en este acercamiento de los pueblos. Fue Karl Rahner el que afirmó que "el siglo XXI será espiritual, contemplativo, místico... o no será". En realidad toda la humanidad será más mística; el místico no es la persona que practica formas inusitadas de oración, sino aquella cuya vida está gobernada por "un deseo abisal de unirse a Dios"(C 17,1) según san Juan de la Cruz, o por una "sed metafísica de Dios" según la expresión del Barón F. von Hüegel. Creo yo que, en cierto modo, todos estamos sedientos de esa sed metafísica de Dios.

En este terreno de la mística se dieron grandes controversias entre autores de Francia, España e Italia, y aparecieron numerosos estudios durante la primera parte del silo XX. Los temas tocados fueron muchos. Algunos de ellos: si hay distinción o no entre ascética y mística; si todos los cristianos pueden tener acceso al estado místico o es privativo de unos pocos; si hay distinción entre contemplación adquirida e infusa; si uno puede lograr la contemplación por su propio esfuerzo; si la perfección cristiana demanda las purgaciones pasivas o no. Y un largo etcétera que no queremos traer a colación. Algunos de los autores más famosos fueron Auguste Poulain (1836-1919), con su libro *Des grâces d´oraison* (1907), Auguste Saudreau, con *Les degrès de la vie spirituelle* (1896), el español y dominico Juan G. Arintero (1860-1928), con su famosa obra *La evolución mística,* y Garrigou-Lagrange (1877-1964).

Entre los carmelitas destacan Gabriel de Santa María Magdalena (1893-1953), autor prolífico y acérrimo defensor de un camino hacia la perfección, y de la universalidad del llamado al mayor grado posible de unión con Dios por el amor; Marie-Eugéne de l´Enfant-Jésus (1894-1967) ha destacado por sus obras *Quiero ver a Dios* y *Soy hija de la Iglesia,* en las cuales ofrece una síntesis de la espiritualidad carmelitana; Crisógono de Jesús Sacramentado (1904-1945), cuya obra *San Juan de la Cruz. Su obra científica y su obra literaria,* (publicada en dos volúmenes en 1929) todavía puede ser considerada como la más famosa escrita sobre el Santo. No mencionamos más por no ser nuestro libro un trabajo sobre mística específicamente, sino sobre el Místico carmelita.

"El Místico de los místicos"

Mi amor por el Santo carmelita surgió cuando yo pertenecía a la Orden Carmelitana. He de confesar que por aquel entonces, a mediados del siglo pasado, leía pasajes y capítulos guiado más por la admiración que por la compresión total de la doctrina del Santo. Con el correr de los años me he mantenido fiel a su estudio, de tal manera que para estas fechas, la lectura de las obras del Santo ha sido múltiple, tanto en español como en inglés. En esta lengua, fue para dar clases y charlas a auditorios ingleses; en español, por ser la lengua común del Santo y mía. Con esa asidua lectura del Santo mi admiración por su doctrina ha ido en crescendo, hasta el punto de querer hacer partícipes a otros de este tesoro espiritual.

Esta es la única razón de este escrito, comunicar al lector lo que san Juan de la Cruz nos ha manifestado de su experiencia divina. Aquí podría pedir al lector que leyera sus obras. ¡Ojalá las leyera! Lo he recomendado con frecuencia, para constatar que, tras ojear unas páginas, algunos abandonan la empresa. Y uno no acaba de entender por qué. Antes apunté ya algunas posibles razones.

Estoy seguro de que quien se esfuerce un poco y se sujete a un estudio reposado de sus escritos se verá altamente recompensado. Mas como quiera que no todos tengan acceso a sus obras, o suficiente paciencia para leerlas, me he propuesto la difícil tarea de presentar al lector, en resumen, la sustancia de su doctrina.

Ha sido una decisión verdaderamente agonizante que en más de una ocasión he abandonado. Es tan abundante y rica la doctrina del Santo que ¿dónde cortas? ¿Qué ofreces? Esas han sido las interrogantes que me han torturado. Lo mejor sería ofrecerlo todo. ¡Ahí están sus escritos! Pero, volvemos a las mismas.

Por otra parte, hay estudios excelentes sobre las obras del Santo. Entonces pensaba, ¡ya está todo dicho! ¡Que lean esos trabajos! Pero, de nuevo, esas obras son un tanto subidas, especializadas y para un público particular. Mi intento es más sencillo y para un sector más amplio. No me ha quedado más remedio que ser conciso y, sin embargo, ofrecer suficientes citas de su doctrina para que el lector "pique" y se decida, por fin, a entrar en la lectura de las obras originales.

Con ello me sumo a la tarea que ya muchos han emprendido. Unos con mejor suerte que otros. La verdad es que nuestro Santo todavía permanece desconocido para buen número de cristianos e incluso de líderes espirituales. Espero que con mi esfuerzo lleguen a conocerlo muchos más y ellos, a su vez, se lo manifiesten a otros; pero, sobre todo, que se aventuren a imitar a este gran místico.

Sobre el Santo carmelita, como ya indiqué, hay buenos estudios, algunos de ellos incluyo en la bibliografía. Abundan otros, que por ser muy especializados (literarios, poéticos, psicoanalíticos, filosóficos, etc.) no los menciono.

Introducción

Este no es un estudio sobre espiritualidad, misticismo o teología, sino un esfuerzo de divulgación de la doctrina del místico castellano. Con relación a la doctrina del Santo no diré nada que no hayan dicho ya los expertos; la novedad –si existe– será de estilo, de enfoque, de brevedad. El acento no va sobre la vida del gran Místico, sino sobre su enseñanza. Lo hago guiado por un sentido eminentemente práctico, de tal manera que la exposición de su doctrina dé pie a una reflexión y meditación posterior que conduzcan a una reorientación de nuestras vidas hacia Dios.

La exposición sigue un orden "cronológico" ascendente del alma que camina hacia Dios siguiendo las grandes obras del Santo. Evidentemente, esto se debe entender de una manera muy genérica, ya que cuando escribe sus obras, se encuentra ya él mismo en un estado de perfección, de unión transformante en Dios. Desde la primera obra a la última, en todas y cada una de ellas, hay datos de unión con Dios y datos de ascetismo espiritual. Pero en unas acentúa más un aspecto que otro, según su intención pedagógica, como iremos viendo a su debido tiempo. Su intención didáctica le obliga a repetirse y aclarar doctrina y conceptos ya tratados en otras obras.

Otra observación que se ha de tener presente es que aunque hoy veamos una lógica interna ascendente de una obra a la otra, san Juan de la Cruz las escribió sin esa intención de que formaran partes progresivas en su pensamiento global; cada obra tiene sentido en sí misma. Los destinatarios de la *Subida-Noche* son los frailes descalzos, del *Cántico* las carmelitas descalzas, y de la *Llama*, a Doña Ana de Peñalosa.

En fin, cuatro partes componen nuestro trabajo: en la primera se ofrece una visión general del Santo; en la segunda se habla de los principiantes o vía purificativa; en la tercera, de los proficientes o vía iluminativa; en la cuarta de los perfectos o de unión transformativa y del amor *calificado* y *sustanciado* de que trata en la *Llama*. La terminología clásica de los estados espirituales pudiera parecer trasnochada para algunos, sin embargo, la acepto por su valor tradicional y porque todavía nos parece buena; por otra parte no podemos decir que se hayan inventado todavía términos más exactos o más claros. Hemos de tener en cuenta, sin embargo, que la vida del espíritu no va paralela a la matemática, no hay dos almas idénticas en los andares espirituales.

Observará el lector que algunos conceptos se repiten con frecuencia. Conviene que así sea para que queden claros. Ya decían los antiguos que la repetición ayuda, *repetita iuvant*.

Finalmente quiero agradecer encarecidamente al padre carmelita descalzo Aniano Álvarez Suárez, Presidente de la Pontificia Facultad de Teología y del Pontificio Instituto de Espiritualidad del Teresianum en Roma, que leyó el manuscrito he hizo varias sugerencias que he incorporado en el libro. Así mismo, agradezco de corazón a Víctor Ruiz, periodista profesional, que con extremada paciencia leyó el manuscrito a la caza de irregularidades castellanas.

Las siglas que uso en las citas de las obras del Santo son fáciles de entender. Son estas:

S= Subida del Monte Carmelo
N= Noche Oscura
C= Cántico Espiritual (segunda redacción = CB)
Ll= Llama de Amor Viva

PRIMERA PARTE
Perfil de un místico: su importancia para el mundo moderno

San Juan de la Cruz es un místico español que vivió en el siglo XVI. Desconocido durante siglos. Hoy irradia luz como una luminaria. Los rayos de su doctrina iluminan a seres humanos de todas las razas, religiones y continentes. El testimonio de su vida suscita curiosidad en creyentes y no creyentes. Todos se acercan a él para aprender y ser guiados por él.

Capítulo Uno
Un santo que resplandece

1. Un santo que es noticia actual

San Juan de la Cruz es poco conocido del pueblo cristiano. Durante trescientos años después de su muerte fue casi desconocido fuera de su orden, los Carmelitas Descalzos. Incluso dentro de la orden faltaron estudios críticos de sus obras hasta la obra publicada en 1929 por el padre Crisógono, anteriormente mencionado. Un verdadero amante del santo carmelita fue el anglicano E. Allison Peers que tradujo al inglés in 1964 las obras de la edición crítica del padre Silverio de Santa Teresa, y añadió una bibliografía con más de quinientos libros y artículos sobre san Juan de la Cruz.

Hoy existen excelentes sanjuanistas, entre quienes destacan los carmelitas Eulogio Pacho, que ha publicado las obras críticas del Santo e innumerables escritos sobre el mismo y Federico Ruiz. A ambos tengo presentes en este libro.

En los últimos sesenta años estudiosos de todos los campos del saber se han acercado a San Juan para descubrir en sus obras un tesoro espiritual, intelectual y literario. Una bibliografía de escritos sobre el Santo ocuparía varios volúmenes.

En Francia se le ha estudiado como a un filósofo. Figuras como Jean Baruzi, Henri Bergson, Jaques Maritain, encontraron en él profundidad filosófica y teológica con orientación espiritual.

En España se le reconoce como un gran poeta y el místico por excelencia, junto a Teresa de Jesús.

Tomás Merton no duda en llamarle "el más grande teólogo de los místicos católicos". Allison Peers afirma que "ningún contemplativo, por muy avanzado que se encuentre, dejará de recurrir a él y hallar iluminación e inspiración". Urban T. Holmes afirma que "es un gigante en la historia de la espiritualidad cristiana". Y Owen Chadwick asegura que "la tradición mística dentro del cristianismo alcanza con san Juan de la Cruz una de sus raras cumbres".

Para otros autores es "príncipe de la mística", "el místico de los místicos", "el poeta de los poetas", "el patrón de los poetas y escritores", "el más grande poeta místico de todos los tiempos", "único", "maestro", "un psicólogo nato", "el más culto y sabio de los místicos del siglo XVI", "santo de nuestro tiempo", "doctor de la Iglesia". Para Antonio Machado, "espíritu de llama"; para Teresa de Jesús es "celestial y divino"; y para el papa Juan Pablo II es "maestro en la fe y testigo del Dios vivo". Alabanzas como éstas se podrían multiplicar indefinidamente.

Ante tanto honor y gloria, el Santo se quedaría turbado, pues lo único que deseó en su vida fue indicar a las almas un camino seguro y rápido para llegar a la unión con Dios. Los honores y las glorias quedaban para Dios; para sí solamente pedía de lo alto la gracia de: "Morir sin cargo alguno de superior, en un lugar desconocido, y después de haber sufrido mucho". El Señor se lo concedió, y hoy el mundo celebra, como en Jesús, su luminosa resurrección.

Su mensaje es universal y eterno, pues es la misma esencia del mensaje cristiano tal como se encuentra en la buena nueva de Jesús.

Juan de la Cruz vivió en el siglo XVI, cuando España alcanzaba triunfos militares, literarios y artísticos, pero la conquista más perdurable de ese siglo ha sido y será la lograda por los místicos españoles, y entre ellos la del carmelita Fundador.

2. *Vida*

Ofrecemos solamente unas pinceladas. Nace en 1542 en Fontiveros, Ávila, de Gonzalo de Yepes y Catalina Álvarez. A los tres años muere su padre y quedan sumidos en la mayor pobreza; a los nueve aprende artes y oficios: carpintero, sastre, pintor. De joven cursa humanidades con los jesuitas. Tenía 21 años cuando entra en la Orden Carmelitana. Cursa teología en Salamanca; se gradúa como teólogo, y es ordenado de sacerdote en 1568.

A los 25 de edad, tiene un encuentro casual en Media del Campo con santa Teresa de Jesús, que le conquista para colaborar con ella en la reforma de la Orden Carmelitana. El 28 de noviembre de 1568 se inaugura el primer convento reformado en Duruelo.

A partir de ese momento todo será un ascenso del Monte Carmelo. La escalada en el establecimiento de la Orden de Carmelitas Descalzos le llevará al mismísimo encarcelamiento, en Toledo, por parte de los antiguos frailes carmelitas (1577-78). La escalada espiritual le llevará muy pronto a la cumbre de la perfección cristiana. Con toda probabilidad, a los treinta años había logrado "la transformación espiritual en Dios". En términos místicos, "el matrimonio espiritual".

Desde esa alta cumbre, dedicaría toda su vida a la dirección espiritual de frailes, monjas y laicos. Una orientación encaminada al sublime ideal de la unión con Dios. La propia santa Teresa confiesa que bajo la experta guía del Santo, mucho más joven que ella, logró alcanzar el matrimonio espiritual a los 51 años de edad.

Las descripciones que hemos recibido de su porte físico nos dan el siguiente cuadro: de estatura entre mediana y pequeña, flaco y enjuto, rostro moreno, macilento, calva venerable, frente ancha y espaciosa, ojos negros, cejas bien formadas, nariz un tanto aguileña, con la barba algo crecida. De aspecto grave, apacible y modesto, su presencia "componía a los que le miraban", con imperturbable sonrisa, mirada penetrante y porte distinguido. Su resistencia física tuvo que ser considerable para superar las penitencias que sufrió y las pruebas tan agudas por las que pasó.

Cuando leemos sus poemas y degustamos sus explicaciones parece que nos encontramos ante un ser más divino que humano, inalcanzable; sin embargo, fue de una sensibilidad humana puesta a toda prueba. Sintió en su alma y corazón, la tristeza, el abandono y la desolación, y como ser humano así lo expresó a sus íntimos. Fechada en Baeza el 6 de julio de 1581, escribe a la madre Catalina de Jesús una carta para que se la lleve a santa Teresa. En ella se queja de estar *"desterrado y solo. Que después que me tragó aquella* ballena y me vomitó en este *extraño puerto,* nunca más merecí verla, ni a los santos de por allá. Dios lo hizo bien, pues, en fin, *es lima el desamparo, y para gran luz el padecer tinieblas".* (Énfasis añadido). Este castellano de pura cepa considera como un desierto su estancia por tierras de Andalucía. Sin embargo, serían sus años más fructíferos.

El establecer firmemente la nueva Orden de los Carmelitas Descalzos le acarrearía múltiples sufrimientos, pero el Santo los aceptaría con agrado con tal de imitar siempre a Cristo hasta en el último detalle. Con mucho sufrimiento físico al final de su vida, pero en su último encuentro de amor divino aquí en la tierra, partiría para la otra a las doce de la noche, del 13 al 14 de diciembre de 1591, en Úbeda, a los 49 años de edad.

En 1726 fue canonizado; en 1926 declarado Doctor de la Iglesia, y en 1952 nombrado patrono de los poetas españoles.

3. *Escritos*

Se ha indicado que la intención primordial de toda su vida fue la de encaminar las almas por los senderos más seguros del espíritu. Su vocación no fue la de escribir. No fue el teólogo que dedicó su vida a la pluma. Las más de las veces escribió a ruego de otras personas. Por ello, no se detuvo en pulir sus escritos ni ordenarlos. A veces dan la sensación de desorden, como la Subida del Monte Carmelo. También adolecen de un lenguaje técnico y escolástico. Sin embargo, para los iniciados en esos saberes, el decir del Santo es claro, lúcido y preciso.

Sus escritos le han ganado títulos en los campos de la psicología, teología, espiritualidad, mística y poesía. No podía ser menos de una personalidad tan rica.

A los treinta y cinco años, estando preso en un cuartucho pequeño y oscuro, sufriendo el extremado clima toledano, congelándose de frío en invierno y ardiendo de calor en verano (1577-78), escribe las 31 primeras estrofas del *Cántico espiritual, junto a Romances a la Trinidad,* "Super flumina" y *La Fonte que mana y corre.*

Entre sus obras menores se han de mencionar poesías: 5 poemas, 2 romances, 5 glosas, unas 30 cartas. *Dichos de luz y amor; Cautelas; Cuatro avisos a un religioso.*

Sus obras mayores: *Subida del Monte Carmelo, Noche oscura, Cántico espiritual, Llama de amor viva,* son fruto de su madurez espiritual y personal. Las culmina a partir de sus cuarenta años. Mientas escribe la *Noche y Llama* de una sentada, en unos pocos días, a la *Subida* dedicó varios años. De estas obras daré más detalles en otras secciones de este escrito.

Toda su obra poética es de una belleza extraordinaria. Brota espontáneamente de la abundancia de amor y sensibilidad que hay en su alma, "abundante inteligencia mística". Poesía y vivencias místicas se identifican. Lo dicen todo, pero sólo quien lo ha vivido lo entiende en toda su profundidad. Por gusto el Santo se quedaría solamente con la poesía. Si comenta y explica es a desgana y por ayudar espiritualmente a otros. Por otra parte, para el lector, el comentario supone un enriquecimiento, sin él poco podríamos entender de la densidad espiritual contenida en los poemas.

Una religiosa admirada de la belleza de sus poesías preguntó un día al Santo si le había dado Dios aquellas palabras tan divinas, a lo que respondió "hija, algunas veces me las da Dios, y otras las busco yo".

También cuenta con bellísimas páginas en los escritos en prosa. La diferencia entre las obras mayores no radica en la doctrina, ya que es casi idéntica en todas ellas, acentuando unos matices en unas y otros en otras; la diferencia consiste en los géneros literarios que adopta para exponer su pensamiento.

La solidez de sus escritos se funda en el uso constante que hace de la Sagrada Escritura, que es la auténtica fuente de su vida espiritual. Es el libro fundamental en su vida de oración, de meditación y contemplación y de maestro de espíritus. En sus obras encontramos alrededor de mil quinientas citas bíblicas. Toda afirmación la confirma con la autoridad de la Escritura.

4. El objetivo de su vida

En la personalidad del Santo, uno quisiera ver al hombre polifacético renacentista: reformador y co-fundador, místico y teólogo, filósofo y pensador, poeta y literato, artista pintor; el dibujo de su Cristo inspiró a Salvador Dalí una de las pinturas más famosas y populares de nuestro tiempo. Con todo, sería erróneo querer ver en él al especialista en todos los campos mencionados, porque sólo le consumió el amor a lo divino. Así pudo cantar: "Oye, mi Dios, lo que digo: que esta vida no la quiero, que muero porque no muero" (*Coplas*, 5, 2).

Habiendo descubierto realmente a Dios quiere compartirlo con todos. Desea que todos gocen de algo tan sublime que no sabe cómo decirlo. Se esfuerza de una manera y otra por enseñar el camino que conduce al Dios que trasciende toda ciencia.

Así, su intento no fue escribir teología aunque tenga que servirse de ella para explicar lo que vive. Su propósito no fue adentrarse en las cavernas del alma y hacer psicología, sino explicar cómo Dios pueda vivir en ella. Tampoco quiso escribir sobre los ocultos recovecos de la mística sino que, en su búsqueda divina, confiesa: "Entréme donde no supe, y quedéme no sabiendo, toda ciencia trascendiendo" (*Coplas* 4) y entonces nos describe la mística más sublime que se haya escrito.

El principal objetivo de su vida fue encaminar las almas a Dios; enseñar un camino recto y seguro para alcanzar a Dios en esta vida. Por ello, gran parte de su vida la dedicó a la dirección espiritual como maestro de novicios y estudiantes, y confesor y consejero de monjas y seglares. La experiencia de vida sumada a la de mistagogo le calificaban como excelente maestro del espíritu.

Por ello, en primera instancia escribe para "algunas personas" de la Orden Carmelitana (S pról. 9) que se supone ya han iniciado el camino de desprendimiento y buscan decididamente a Dios; pero indirectamente es consciente de que su doctrina será harto buena para todo el mundo, porque es el mismo Evangelio llevado a sus últimas consecuencias.

Repetimos, san Juan de la Cruz:
escribe como teólogo pero no pretende hacer teología,
escribe como filósofo pero no quiere hacer filosofía,
escribe como psicólogo pero no busca indagar en la psicología,
escribe como literato pero no es su intención la literatura,
escribe como místico pero no persigue directamente sus oscuridades-luminosas,
escribe como auténtico poeta –lo es – pero tampoco es ése su objetivo.

El Santo carmelita es un alma entregada totalmente a Dios cuya verdadera intención es ayudar a que otras almas encuentren ese

Dios y se unan a Él en abrazo amoroso, al paso que canta sus grandezas. En definitiva: escribe como auténtico mistagogo, es decir, como catequista y formador de espíritus. Sus escritos son todos respuesta a la petición de sus destinatarios y con el fin de "contagiarlos" en el camino del espíritu.

5. Autoridad doctrinal

Su autoridad doctrinal es reconocida por toda persona dedicada a temas espirituales. Allison Peers puede afirmar que "cualquier contemplativo por muy avanzado que se encuentre podrá recurrir a él y hallar en él iluminación e inspiración. Porque el Santo ha avanzado más que la inmensa mayoría y no se encuentra bajo el nivel de nadie".

Thomas Merton confirmará que "quienes han conocido la doctrina de san Juan de la Cruz observarán que la mayoría de lo que se enseña sobre doctrina contemplativa sigue las línea marcadas por el carmelita español". "Su figura y sus enseñanzas atraen el interés de los más variados ambientes religiosos y culturales, que en él hallan acogida y respuesta a las aspiraciones más profundas del hombre y del creyente", ha dicho el papa Juan Pablo II. Con toda razón fue declarado Doctor de la Iglesia.

El mismo Santo, al paso que reconoce repetidamente lo difícil en comunicar su experiencia mística, afirma en el prólogo de la *Subida* que ofrece doctrina "sana", "buena y harto necesaria", "sustancial y sólida" y que tratará de ayudar a los ya iniciados en el camino místico que conduce a "la unión con Dios" (S pról. 8; II 5,2).

Sobre la purificación pasiva del espíritu dirá que tiene "grave palabra y doctrina" (N I, 13, 3). En la *Llama* y en otras partes no duda en afirmar que va a tratar "del más perfecto grado de perfección a que en esta vida se puede llegar, que es la transformación en Dios" (Ll pról. 3). Ésta es una afirmación verdaderamente asombrosa, ¿cómo podría uno hacerla si no lo hubiera vivido?

La verdadera base de su autoridad doctrinal no es ni la Escritura, que domina a la perfección, ni la lectura de otros místicos (Agustín, Gregorio Magno, Pseudo Dionisio, Taulero, Herp, santa Teresa, y probablemente también leyó a Ruusbroec, Casiano, los Victorinos y Osuna) ni la teología estudiada (san Bernardo, santo Tomás de

Aquino, la escolástica), sino su propia *experiencia,* corroborada por sus conocimientos, que expande y perfecciona. De su originalidad y capacidad creadora nadie duda.

6. *Significado espiritual*

En un mundo de creciente secularización, ¿por qué sigue en crescendo la fama de este carmelita, quien de otro modo pudo ser desconocido? Sin duda alguna, porque él tiene la respuesta al vacío que angustia al ser humano. Nos invita a liberarnos de cualquier esclavitud para que nos entreguemos por completo al Dios creador del universo que nos manifiesta su poder y su amor constantemente.

En el siglo XX se dieron más conflictos bélicos que todos los ocurridos en el conjunto de la historia de la humanidad. La angustia y el terror cundieron en demasía. Luego llegaron la prosperidad, la abundancia, y el desatino en la exaltación de un espíritu humano libre de barreras y cortapisas. La desorientación se ha ido apoderando de unos y otros, y de ahí la nueva búsqueda de algo que llene de verdad.

En los últimos años han proliferado los métodos de oración y meditación trascendental. Y es precisamente en esa búsqueda de algo firme y permanente donde muchos se han topado con san Juan de la Cruz. Sin embargo, toda la novedad y originalidad doctrinal y poética del Santo carecen de sentido ante su principal objetivo, que consiste en un esfuerzo titánico por demostrar a todo ser humano que en la unión con Dios radica toda la felicidad humana.

San Juan de la Cruz, al paso que canta la belleza de la creación en sus sublimes poemas, nos recuerda que toda la belleza creada es nada comparada con la divina. Quien renuncie a lo pasajero, superficial e ilusorio, se encontrará con el Todo de Dios, con la Felicidad.

Segunda Parte
La Subida del Monte Carmelo

En esta parte trataremos de los pasos que hay que dar para subir la escalada del Monte Carmelo o camino de la perfección. Espiritualmente, quienes inician este camino se encuentran en el estado de *principiantes* o, con otra terminología, van por la *vía purgativa*. En realidad en la *Subida del Monte Carmelo* los principiantes de que habla el Santo se encuentran en un estado bastante avanzado, casi rozando el de *aprovechados*. En terminología del Santo, estas almas caminan en la *noche activa*. Explicaremos brevemente cómo sucede todo esto.

Capítulo Dos
El camino de Dios

1. La obra

*L*a *Subida del Monte Carmelo* es una de las cuatro obras mayores del Santo. La redacción comienza en la ciudad de Baeza (1580-81), la prosigue en Granada en 1582, y no la termina hasta casi 1585. Debido a sus muchas ocupaciones, la escritura procede de una manera lenta y a intervalos. Y la deja inconclusa. No inicia la parte que correspondería a la noche pasiva del espíritu. Parte muy importante y que no abandonará, pero que desarrollará en una obra nueva conocida hoy como la *Noche oscura*.

El mismo título indica la temática de la obra. Se trata de *subir* un *monte*, como figura simbólica para indicar la escalada de la perfección espiritual.

El esquema es este:
- Purificación o noche activa del sentido, libro primero.
- Purificación o noche activa del espíritu, libros segundo y tercero.
  - Purificación activa del entendimiento, libro segundo.
  - Purificación activa de la memoria, libro tercero (cap. 1-15).
  - Purificación activa de la voluntad, libro tercero (cap.16-45).

Es la obra más extensa y más difícil de leer. En un principio quiere hacer un comentario al poema de la *Noche oscura*, como lo ha hecho ya con el *Cántico espiritual*, explicando estrofa por estrofa y verso por verso. Apenas comenta las dos primeras estrofas, tal vez porque en su mente desde un principio ha tenido la idea de escribir un tratado, aunque carezca de esquema definido. Sin embargo, una vez que deja el comentario y se decide por el tratado, plasma su pensamiento con una lógica impecable, aunque la lectura de toda la obra se hace pesada debido al exceso de divisiones y subdivisiones, siguiendo el método escolástico de dividir para analizar y demostrar.

2. *"Buscando mis amores…" (C 3)*

En toda empresa, por pequeña que sea, el ser humano primero piensa en el objetivo a lograr, luego trazará estrategias y tácticas para conseguirlo. Entre todas las empresas ninguna tan alta y noble como la de llegar a la unión con Dios.

El ser humano desde el primer momento que ve la luz de este mundo se pasa la vida buscando los "amores divinos". Es verdad que la ceguera de su condición de criatura lo amarra al mundo exterior que le rodea, y por ello las más de las veces decidirá encontrar el amor divino en el apego a ese mundo exterior. Es necesaria una verdadera madurez interior para llegar a comprender que solamente una unión con Dios colmará plenamente toda sed de felicidad.

San Juan de la Cruz afirma desde el inicio de sus escritos que su verdadero objetivo es ayudar a las almas a que logren la unión con Dios. Más aún, el Santo no duda en afirmar que por mucho que nosotros busquemos a Dios, "mucho más nos busca Dios" (Ll 3, 28). Así resulta que tanto el alma como Dios se andan buscando mutuamente y no descansan hasta llegar a un encuentro de presencia personal en consumación de unión íntima (C 22, 6). Hay que hacer notar que, aunque la intervención de Dios en este camino místico tendrá una baza importante y decisiva posteriormente en lo que el Santo llama "noches purgativas e iluminativas", la acción de Dios sobre todo ser humano es constante: nos mantiene en el ser, nos busca sin cesar y, si pudiéramos hablar así, diríamos que llora ante la indiferencia que mostramos a su amor. "Dios está como el sol sobre las almas para comunicarse a ellas" (Ll 3,47).

En lo más recóndito de su corazón, todo ser humano busca la presencia de Dios. Cómo sea esa presencia, lo explica el Santo en varios lugares de sus obras. Uno de los más claros es el de la canción once del *Cántico*. De tres maneras puede estar Dios presente al ser humano: (1) De una manera *esencial,* como creador, está presente en todos los seres creados. Esta presencia nunca faltará al alma. (2) Presencia *por gracia,* según la cual Dios está presente en las almas que no están en pecado. (3) Y presencia *por afección espiritual,* que Dios hace en algunas almas recreándolas, deleitándolas y alegrándolas. De ésta última es de la que se tratará en sus obras.

Todas estas presencias permanecen encubiertas porque un encuentro cara a cara con Dios no lo puede tolerar la condición humana en esta vida. Por eso el alma enamorada de Dios constantemente suplica: "Descubre tu presencia, y máteme tu vista y hermosura" (C 11). La unión con la divinidad es de tal naturaleza que transforma a uno en el otro, "y así cada uno vive en el otro, y el uno es el otro y entrambos son uno por transformación de amor" (C 12,7). ¿Cómo puede llegar un alma a tan alto estado? ¿Qué puede hacer el alma enamorada de Dios para transformarse divinamente? Ha de pasar por una noche oscura y tenebrosa que conduce a una iluminación radiante. De esto vamos a tratar, siguiendo las huellas marcadas por el Santo. Así se inicia el camino.

3. En camino

El alma enamorada de Dios no duda, está dispuesta a todo por muy difícil que resulte el camino. San Juan afirma bellamente que esa alma "irá por esos montes y riberas; ni cogerá las flores, ni temerá las fieras y pasará los fuertes y fronteras" (C 3).

Se trata de una empresa dura, ardua y que pocas almas logran. Las que lo consiguen es porque en cierto modo han sido tocadas por Dios al inicio del camino y, una vez heridas de amor, por nada del mundo lo abandonarán hasta conquistar al amado. Este es el caso de muchos santos que tuvieron una experiencia sobrenatural en su niñez o juventud, y tras conquistar la cumbre de la transformación en Dios dieron inicio a un movimiento religioso u orden religiosa (Ll 2, 12).

Como todo el que inicia la escalada de una alta cumbre, el alma que desea llegar a la unión con Dios siempre ha de caminar para llegar, pues el no ir adelante es volver atrás (S I, 11, 5).

En realidad, ahora la verdadera cuestión es, ¿cómo puede un alma tocada por Dios no seguir adelante? Comprende ahora que nada fuera de Dios puede hacerla feliz. Nada de lo creado podrá satisfacer el gran deseo de felicidad que en ella yace. Las cosas creadas, buenas en sí mismas, comparadas con Dios nada son (S I, 4, 4). Pero, según el Santo, mucho más dañina es la afección a las mismas; quien pone su cariño en ellas no hará más que sufrir. "No ocupan al alma las cosas de este mundo ni la dañan, pues no entra en ellas, sino la voluntad y apetito de ellas que moran en ella" (S I, 3, 4). Lo malo es el gusto desordenado, no la carencia de las cosas. Por ello, toda alma "ha de abandonar por completo su propio camino para seguir el que Dios le marca" (S II, 4, 5). Ha de abandonar sus inclinaciones, gustos y deseos desordenados, para orientarse completamente en dirección hacia Dios. Así se va a iniciar un ascenso a Dios por etapas.

4. Un ascenso escalonado

Desde san Pablo se ha dado una tendencia a clasificar las diferentes situaciones vivenciales en que se encuentra el cristiano en la escalada hacia Dios. San Pablo distingue entre cristianos carnales y espirituales; entre niños y adultos en el espíritu (los carnales no entienden lo que procede de Dios, pero los espirituales pueden llegar hasta las profundidades de Dios: 1 Cor 2, 10 y 14). Clemente de Alejandría menciona tres estadios en la ascensión al conocimiento perfecto: fe, esperanza y amor. Evegario describe diversas etapas en la vida espiritual, y lo mismo hace Gregorio de Nisa, que habla solamente de tres. Juan Clímaco, en su famosa obra *La escalera del paraíso* habla de treinta peldaños en el ascenso místico. Santa Brígida de Suecia menciona una escalera en su quinto libro de las *Revelaciones*. Guigo II en su *Escala monástica o Escala del paraíso* trata de los cuatro grados del ejercicio espiritual: la lectura espiritual, la meditación, la oración y la contemplación; y describe estos grados como etapas sucesivas de la vida espiritual.

Pero la terminología más conocida proviene del Pseudo-Dionisio Areopagita, quien en cuatro extensos tratados habla de las vías de *purificación, iluminación y unión*; y también de santo Tomás de Aquino que, inspirado en san Agustín, escribió sobre los tres estados de *principiantes, proficientes (aprovechados) y perfectos*. San Juan de la cruz acepta sin más explicaciones estos términos clásicos para la explicación del itinerario espiritual. Por otra parte, tanto el Santo carmelita, como la Santa de Ávila, crearán sus propios términos y clasificaciones. Juan de la Cruz habla de la noche activa y pasiva del sentido y del espíritu, sin que coincidan exactamente con los estados tradicionales. Por ejemplo, amplía la fase de la noche oscura espiritual, y en la *Llama* ofrece más detalles sobre un amor "más calificado y sustanciado". Para santa Teresa la primera y segunda moradas corresponden a los principiantes, la tercera y cuarta a los proficientes y las quinta, sexta y séptima a los perfectos.

Este lenguaje ayuda en la descripción de la vida del espíritu. Sin embargo, ningún término se puede tomar con rigidez y precisión matemática. Son linderos muy generales y amplios que no siempre corresponderán a la situación concreta de un alma, debido a que "Dios lleva por diferentes caminos (a cada alma) que apenas se hallará un espíritu que en la mitad del modo que lleva convenga con el modo del otro" (Ll 3, 59). Y a cada alma conduce a su modo (Ll 3, 25).

En la *Noche oscura* lo dirá de una manera más plástica y poética: "la vía y el camino de Dios, por donde el alma va a él...es tan secreto y oculto para el sentido del alma, como lo es para el del cuerpo el que se lleva por la mar, cuyas sendas y pisadas no se conocen" (N II, 17, 8). Y lo mismo diría Antonio Machado, no sabemos si inspirado en el *Salmo* 77:19-20 –como el Santo de Fontiveros–, en el mismo Santo, o en inspiración propia, pero así cantó: "Al andar se hace camino, y al volver la vista atrás se ve la senda que nunca se ha de volver a pisar. Caminante, no hay camino, sino estelas, en la mar". Lo mismo sucede con los caminos del espíritu.

5. *Equipados para el camino*

En concreto, ¿qué ha de hacer un alma para remontar la cumbre? ¿Cómo ha de conducirse para llegar a la unión o transformación en Dios?

Hemos de referirnos aquí a la palabra ascesis, que etimológicamente significa ejercicio y se aplicó en un principio tanto al ejercicio físico como a la reflexión filosófica. Luego se empleó para designar los esfuerzos mediante los cuales se deseaba progresar en la vida religiosa. Nuestro Santo no se detiene a enumerar en detalle todos los ejercicios tradicionales en aquel tiempo porque los da por sobreentendidos. Escribe para gente religiosa que ya los practica. A lo largo de todas sus obras, de vez en cuando aparecen referencias a una ascesis espiritual necesaria para alcanzar la cumbre. Sin embargo, los capítulos más notorios en este sentido son el 13 del primer libro y el 7 del segundo libro de la *Subida del Monte Carmelo*. En ellos ofrece principios generales y válidos para todas las épocas.

Se ha de advertir que con no poca frecuencia este aspecto ascético ha dado la impresión de algo negativo. Faltó explicar que todos esos ejercicios solamente tienen razón de ser para quien los practica con un objetivo claro y preciso. San Pablo diría que "no da golpes en el vacío", sino que lo hace por amor a Cristo (1 Cor 9:24-27).

La persona enamorada no repara en sacrificios para contentar a la persona amada. Los ejercicios y prácticas religiosas que hace el enamorado de Dios de ningún modo los considera impuestos, sino que los abraza, e incluso crea otros nuevos, para llegar a Dios. Los niños que anhelan verse un día participando en los juegos olímpicos dedican infinidad de horas al ejercicio físico. Por muy costoso que todo resulte, para ellos el verdadero objetivo es el triunfo olímpico. Se trata de crear una actitud, un hábito para lograr el triunfo. Alguien lo dijo de una manera lapidaria: "Planta un acto, cosecha un hábito; planta un hábito, cosecha una virtud; planta una virtud, cosecha un carácter; planta un carácter, cosecha un destino".

El niño que se priva con frecuencia de jugar con sus amigos lo hace para adquirir dominio de su propio cuerpo a fin de ganar en los juegos olímpicos. La persona enamorada de Dios no encontrará gusto en ningún placer terreno porque Dios es para ella la suma felicidad. Así, la renuncia y el desprendimiento ascético no son un renunciar por renunciar, sino por algo muy superior. Por ello puede muy bien cantar el Santo carmelita que "ni cogerá las flores ni temerá las fieras y pasará fuertes y fronteras" (C 3). Esta alma está totalmente decidida a entrar en lo que tradicionalmente se ha conocido como primer estado o etapa.

6. Los primeros pasos

En el camino hacia Dios, el primer estado es conocido como el estado de *principiantes,* por estar dando los primeros pasos y ser caracterizados por una inmadurez espiritual. También se la conoce como *vía purgativa.* Sin embargo, ya indiqué anteriormente que los *principiantes* de que habla el Santo en sus obras ya se encuentran en un estado bastante avanzado, casi rozando el de *aprovechados.*

El ser humano ha de purgarse de toda inclinación y todo apetito desordenado que no esté orientado hacia Dios. Ha de purificar todos los aspectos que incluyen la vida sensitiva. A estas alturas dichas almas ya han abandonado todo pecado serio y son conscientes de que las cosas terrenas no conducen a la felicidad humana. Ahora buscan decididamente a Dios mediante una entrega incondicional, y se han de guiar por unos principios o pautas.

Para san Juan de la Cruz todo quedaría resumido en un principio: "Traiga un ordinario apetito de imitar a Cristo en todas sus cosas, conformándose con su vida…" (S I, 13, 3). "Veo es muy poco conocido Cristo de los que se tienen por sus amigos. Pues los vemos andar buscando en él sus gustos y consolaciones, amándose mucho así; mas no sus amarguras y muertes, amándole mucho a él" (S II, 7, 12). En el capítulo 22 del segundo libro de la *Subida* desarrolla todavía con más detención la importancia de Cristo en la vida del cristiano para llegar al Padre. Son páginas ricas en teología que explican el misterio de Dios y del ser humano a la luz de Cristo. Y es que para el cristiano Cristo lo es todo, "es como una abundante mina con muchos senos de tesoros, que, por más que ahonden, nunca les hallan fin ni término, antes van en cada seno hallando nuevas venas de nuevas riquezas acá y allá" (C 37, 4).

En segundo lugar se ha de renunciar a todo aquel gusto que no diere gloria a Dios. San Juan de la Cruz lo dirá en frases lapidarias, "procure siempre inclinarse: no a lo más fácil, sino a lo más dificultoso, no a lo más sabroso, sino a lo más desabrido…" (S I, 13, 6). Frases que han intimidado a muchos por no haberlas interpretado bien. Aquí el acento se ha de poner en las tres primeras palabras *procure siempre inclinarse.* Efectivamente, quien desee triunfar en cualquier profesión humana *ha de estar siempre inclinado y orientado* al objetivo principal de esa profesión. El alma que desea ardientemente llegar a ser transformada en Dios ha de hacer lo mismo. Así de sencillo. Más aún, indicábamos en el apartado anterior que en verdad toda persona enamorada está siempre orientada e inclinada hacia el amado.

A todo el ejercicio ascético amoroso lo llama san Juan de la Cruz noche "activa" del sentido. Es decir, el alma que paulatinamente se va desnudando con su propio esfuerzo de toda apetencia humana, por amor de Dios pronto se encontrará como en una noche oscura. Más tarde nos dirá que es necesaria otra noche oscura *pasiva,* en la cual Dios rematará la obra purificadora.

7. La meditación

Como el Santo escribe para religiosos ya entregados a muchas prácticas espirituales, no las menciona ni se detiene en ellas, pero de vez en cuando indica de pasada alguna, especialmente la meditación; incluso ésta la da por conocida y practicada por sus lectores. Ni analiza su naturaleza ni hace una exposición detallada, sino que da sólo unos puntos de referencia y contraste con la contemplación. Pues sabe muy bien que se dan como dos estados amplios y generales: el de quienes meditan y el de quienes contemplan.

La meditación es acto discursivo por medio de imágenes, formas y figuras fabricadas e imaginadas por los sentidos de la imaginación y la fantasía (S II, 12, 3). Y explica con más detalle: "Es de saber que el fin de la meditación en las cosas de Dios es sacar alguna noticia y amor de Dios, y cada vez que por la meditación el alma la saca, es un acto. Y así como muchos actos en cualquier cosa vienen a engendrar un hábito en el alma, así muchos actos de estas noticias amorosas, que el alma ha ido sacando particularmente, vienen por el uso a continuarse tanto, que se hace hábito en ella. […] Y así, lo que antes el alma iba sacando por su trabajo de meditar en noticias particulares, ya, por el uso se ha vuelto en ella en hábito y sustancia de una noticia amorosa general" (S II, 14, 2).

La meditación es un ejercicio importantísimo en el camino místico hacia Dios. Quienes hacia él se encaminan han de ejercitarse "día y noche" en ella (Sal 1:2).

"Para que mejor entendamos esta condición de principiantes, es de saber que el estado y ejercicio de principiantes es de meditar y hacer actos y ejercicios discursivos con la imaginación. En este estado necesario es al alma que se le dé materia para que medite y discurra, y le conviene que de suyo haga actos interiores y se aproveche del sabor y jugo sensitivo en las cosas espirituales, se desarraigue del sabor de las cosas sensuales y desfallezca a las cosas del siglo. Mas, cuando ya el apetito está algo cebado y habituado a las cosas del espíritu luego en alguna manera, con alguna fortaleza y constancia, luego comienza Dios, como dicen, a destetar el alma y ponerla en estado de contemplación" (Ll 3, 32).

Según estas citas tenemos que la meditación es un acto de los "sentidos", y se la puede llamar "meditación imaginaria" (S II, 13, 1). Pero si estos actos se repiten frecuentemente van abonando y fertilizando la vida espiritual y la aproximan a la contemplación. Cuándo un alma haya de abandonar la meditación para entrar en la contemplación se indicará más adelante.

El valor de la meditación para llegar a la unión con Dios es de capital importancia. Sabemos la machacona insistencia de santa Teresa para que no se abandonara nunca la meditación. "Importa mucho, y el todo, (tener) una gran y muy determinada determinación de no parar en la oración" (*Camino de Perfección* 21, 2). Es el medio más eficaz para lograr la meta ansiada. Como consecuencia los principiantes encontrarán "deleite [en] pasarse grandes ratos en oración y por ventura noches enteras" (N I, 1, 3).

Como dato interesante, la meditación se promovió al final del siglo XV como un método eficaz para combatir la corrupción que maleaba a la Iglesia. Y santa Teresa asegura que es difícil permanecer en pecado mientras se practica la meditación.

También, véase el Apéndice I que colocamos al final de este libro, sobre el método tradicional de meditar y las nuevas tendencias.

8. *Todo – nada*

Todo principiante ha de hacer una opción fundamental entre Dios y lo que no es Dios. Entre el Todo y la nada. Se trata de dos términos llenos de profundo significado. En las obras del Santo se repiten con frecuencia. La palabra "nada" se encuentra 373 veces, y "Todo" 274. Entender bien su contenido es fundamental ya que implican una connotación contradictoria. Dos contrarios no caben en un mismo sujeto.

La antítesis *todo – nada* se ha hecho famosa al explicar la doctrina de san Juan de la Cruz, hasta el punto de haberlo identificado como el "doctor de las nadas" y éstas mal entendidas como si implicaran negación de la creación de Dios. Todo lo contrario, el Santo ama la belleza de la creación de Dios y la canta, pero ama más a Dios. La nada que rechaza el Santo es, en primer lugar, la posesión egoísta y exclusivista de las cosas, el amor desordenado de las mismas. El apetito, el pecado, todo eso sí es *nada*, las cosas en si mismas tienen un valor relativo y comparativo, que el mismo creador les ha dado.

"Niega tus deseos y hallarás lo que desea tu corazón" y "si purificas tu alma de extrañas posesiones y apetitos, entenderás en espíritu las cosas. Y si negares el apetito de ellas, gozarás de la verdad de ellas, entendiendo en ellas lo cierto" (*Dichos* 15 y 49).

Todo el primer capítulo de la *Subida* supone, por parte del Santo, un verdadero esfuerzo por demostrar lo pernicioso que es mantener el corazón adherido a las cosas terrenales. En el monasterio las afecciones pueden ser algo así "como una costumbre de hablar mucho, un asimientillo a alguna cosa que nunca acaba de querer vencer, así como a persona, vestido, a libro, celda, tal manera de comida y otras conversacioncillas y gustillos en querer gustar de las cosas, saber y oír, y otras semejantes" (S I, 11, 4). Fuera del monasterio las afecciones terrenales no tienen límite. Pensemos en la esclavitud que causan las drogas, el sexo y otras dependencias dañinas. Pues bien, dice el fraile carmelita que esos apetitos causan insatisfacción y amargura. "Los apetitos cansan al alma, y la atormenta, y la oscurecen, y la ensucian, y la enflaquecen" (S I, 6, 1 y 5). Palabras semejantes se pueden leer en *Hamlet*: "Qué fastidiosos, desabridos, aburridos, y de poco provecho me parecen todos los negocios de este mundo" (I, escena 2). En el *Bhagavad-Gita* (Cántico del Excelso), leemos algo parecido: "La persona que estimula sus propios deseos nunca tendrá paz. Conoce la paz quien ha olvidado todo deseo. Vive sin apetito, libre del yo, libre del orgullo". Esta doctrina es común en todos los escritores espirituales. Testimonios clásicos que no hacen más que confirmar lo que todo ser humano experimenta diariamente.

Pero nuestro Santo va mucho más allá del aspecto afectivo a las cosas, y afirmará valientemente que por mucha belleza que Dios haya puesto en toda la creación, el Creador supera con creces a todo lo creado: "¿Qué tiene que ver criatura con Creador, sensual con espiritual, visible con invisible, temporal con eterno, manjar celestial puro espiritual con el manjar del sentido puro sensual, desnudez de Cristo con asimiento en alguna cosa?" (S I, 6, 1).

Nuestro Doctor místico realmente está enamorado del Todo de Dios. Conoce a Dios con tal intimidad que al mirar al resto de las cosas éstas le parecen nada. Realmente ésta es la gran revelación de todos los místicos y especialmente del nuestro. Han conocido y experimentado a Dios tan profundamente que al volver a la realidad creada todo les parece sumamente superficial.

En el libro primero de la *Subida* menciona en detalle que "toda la hermosura de las criaturas...toda la gracia y donaire de ellas...toda la bondad...toda la sabiduría del mundo y habilidad humana... todo el señorío y libertad del mundo...todos los deleites y sabores de la voluntad...todas las riquezas y gloria de todo lo criado...comparado con Dios nada es" (S I, 4, 4-7). "De Dios a ellas [las criaturas] ningún respecto hay ni semejanza esencial, antes la distancia que hay entre su divino ser y el de ellas es infinita, y por eso es imposible que el entendimiento pueda dar en Dios por medio de las criaturas" (S II, 8, 3). Vemos aquí que el énfasis se ha de colocar en la relación comparativa que se hace entre las criaturas –con valor relativo– y Dios, con valor absoluto. Y que las criaturas no pueden dar en la naturaleza, esencia de Dios, sólo con amor se puede llegar a él como es sí mismo.

Ahora bien, si comparadas con Dios todas las cosas de esta vida nada son, quien pone su apego a ellas –con términos más claros: quien se esclaviza en ellas–, se convierte en menos que nada (S I, 4, 3).

Intelectualmente podemos captar bastante de ese testimonio, pero sólo una persona que haya gustado ya en esta vida lo eterno de la otra, como nuestro Santo, no dudará en estar convencido de una realidad tan profunda. El Santo nos dice que la maravillosa belleza de la creación solamente sirve para elevarnos a la belleza inefable de Dios. El Todo que es Dios supera infinitamente la belleza de la creación, que muy bien se puede considerar como nada. Tenemos pues, que el Santo canta la "totalidad absoluta de Dios", es pues el "doctor del Todo divino".

Sin desprendimiento de las cosas terrenas, no hay libertad de espíritu. A medida que uno va liberándose de las ataduras temporales, empieza a captar mejor las eternas y espirituales. Lo creado nos sirve de trampolín para llegar a Dios.

San Juan de la Cruz quiere que desde el primer momento pongamos todo nuestro deseo en Dios, que es Todo para el alma.

9. Caminar…sin parar

Nuestro Santo goza tanto del amor de Dios que quisiera que todos se encontraran pronto en tan alto estado. Se preocupa de los que están espiritualmente estancados, porque sabe muy bien que el no avanzar en este camino es retroceder. Y que "el amor nunca está ocioso, sino en continuo movimiento" (Ll 1, 8) y busca por todos los medios la unión con el amado, sin embargo, muchas almas no avanzan en el camino espiritual, o porque no saben, o por falta de un guía experto que las conduzca por el sendero seguro y rápido. Dice: "…ni van por tan derecho camino y *breve* como podrían ir" (S II, 6, 7). "El alma que quiere llegar en breve al santo recogimiento…" (*Cautelas* 1). "Si estas cuatro cosas guardare…muy en breve será perfecto" (*Avisos a un religioso,* 10). Y en la figura del Monte Carmelo afirma: "Tardé más y subí menos, porque no seguí la senda" más estrecha y derecha.

¿Dónde reside, pues, el secreto de este avanzar *rápido* hacia la cumbre? El secreto está en el *amor,* en ejercitarse constantemente en el amor de Dios. Quien así lo hace acabará desprendiéndose de todo, incluso del apego a fervores religiosos. Dice el Santo: "se cargan de extraordinarias penitencias y otros muchos voluntarios ejercicios" (S I 8, 4), "penitencia de bestias, a que también como bestias se mueven por el apetito y gusto que allí hallan" (N I, 6, 2). No aprobaba el Santo el exceso de penitencias; y lo condena, pues tan dañino es un apetito material como uno espiritual, porque ambos apartan de Dios.

Otro texto clásico lo encontramos en la canción 28, 3+ del *Cántico espiritual*: "Adviertan, pues, aquí los que son muy activos que piensan ceñir al mundo con sus predicaciones y obras exteriores, que mucho más provecho harían a la Iglesia y mucho más agradarían a Dios…si gastasen siquiera la mitad de ese tiempo en estarse con Dios en oración". Con estas palabras no condena la actividad apostólica (él mismo fue muy activo, pues en los años 1585-86 casi todos los meses tuvo que salir del convento y viajar obligado por asuntos ministeriales). Lo que condena es el excesivo celo apostólico, a veces carente "de virtud en Dios".

Acentúa, pues, el Santo que el valor espiritual yace en el amor intenso de Dios. El amor ha de ser el motor y alma de todo caminar hacia Dios. "Todo se mueve por amor y en el amor; haciendo todo lo que hago con amor, y padeciendo todo lo que padezco con sabor de amor" (C 28, 8). El amor al Amado es el principio y motor de toda alma enamorada. El amor es la fuente de donde surgen todas las demás actividades, oración, meditación, penitencias. El amor da calidad y significado a todos esos actos. Sin amor, todo ello carece de sentido.

10. Pedagogía divina

En todo este caminar y ascender, renunciando al placer de las cosas creadas, y entregándose cada vez más a Dios por amor, hay una pedagogía divina. La mejor comparación que encuentra el Santo es la de la madre amorosa que alimenta al niño de acuerdo a su desarrollo físico "ordinariamente va Dios criando [al alma] en espíritu y regalando, al modo que la amorosa madre hace al niño tierno, al cual al calor de sus pechos le calienta, y con leche sabrosa y manjar blando y dulce le cría, y en sus brazos le trae y le regala. Pero, a la medida que va creciendo, le va la madre quitando el regalo y, escondiendo el tierno amor, pone el amargo acíbar en el dulce pecho, y, abajándole de los brazos, le hace andar por su pie, porque, perdiendo las propiedades de niño, se dé a cosas más grandes y sustanciales. La amorosa madre de la gracia de Dios, luego que por nuevo calor y hervor de servir a Dios reengendra al alma, eso mismo hace con ella" (N I, 1, 2).

Dios guía a cada uno según su providencia y de acuerdo al uso de la libertad que cada persona hace. Según esto unos se entregan más de lleno a Dios que otros, y a cada uno guía y ama y enseña de acuerdo a su entrega personal y compromiso. La mejor exposición que de esta doctrina hace el Santo la encontramos en el capítulo 17 del segundo libro de la *Subida del monte Carmelo*.

Se sirve de tres principios: primero, todo está ordenado por Dios; segundo, Dios dispone todas las cosas con sabiduría y suavidad; y tercero, Dios mueve todas las cosas al modo de ellas. Según estos principios "está claro que para mover Dios al alma y levantarla del fin y extremo de su bajeza al otro fin y extremo de su alteza en su divina unión, halo de hacer ordenadamente y suavemente al modo de la misma alma" (S II, 17, 3). Según ello, la va levantando del sentido al espíritu por vía natural y sobrenatural. Así la va elevando Dios de grado en grado, como la manera más normal, y no porque sea necesario que así suceda ya que Dios, según su liberalidad, puede elevar a un alma de una forma más rápida (S II, 17, 4).

Llega un momento en el que el alma con su esfuerzo personal, a base de ejercicios piadosos, meditación y una entrega total a Dios por amor, ha controlado la vida del sentido. Según el Santo ahí concluye la noche *activa* del sentido; todavía falta la noche *pasiva del sentido,* que es la obra de Dios en el alma, como se explicará más adelante. Ahora baste decir que de esta pedagogía divina el alma debe aprender que es Dios, en definitiva, quien tiene la última palabra y toda alma tiene que someterse con humildad a la voluntad divina. El alma carece de capacidad y fuerza para construir el edificio sobrenatural. Sólo Dios puede hacerlo. También los directores espirituales pueden y deben aprender que es el Espíritu de Dios el principal maestro de las almas.

Recapitulación

- Se trata de una escalada espiritual.
- El objetivo final es la unión con Dios.
- Hay que andar por el camino de Dios.
- El ascenso es escalonado y gradual.
- El ascenso implica esfuerzo en vistas al objetivo deseado.
- Los que inician el camino han de servirse del ejemplo de Cristo y orientar su vida hacia Dios.
- Además de otros ejercicios piadosos el más importante es orar, meditar y practicar las virtudes.
- La meditación nos llevará a descubrir que las cosas creadas sólo tienen un valor relativo y pueden esclavizarnos; o, como vislumbre de Dios, nos pueden conducir a él que es el verdadero TODO que nos hace felices.
- El amor hace que el camino se acorte y la subida sea más rápida.
- En definitiva, Dios tiene la última palabra y va a llevar de la mano, como una madre, al alma que lo busca.

Capítulo Tres
La transformación total

1. Transformación radical

Según el Santo todo ser humano que quiera unirse a Dios en esta tierra ha de sufrir una purificación total, una regeneración o transformación radical. Todo el ser humano ha de ser transformado. El Santo realiza un análisis tan minucioso de cómo se va efectuando la transformación que para lectores no preparados resulta un tanto pesada y aburrida. Efectivamente, san Juan de la Cruz, siguiendo una filosofía medieval, afirma que ha de ser purificado todo el ser, que incluye, a) parte sensitiva: sentidos exteriores (oído, vista, gusto, olfato y tacto) y potencias interiores como la fantasía, la imaginación; y b) parte superior o más espiritual: el entendimiento, la memoria y la voluntad. Todo ello, incluso la sustancia del alma, lo más profundo de ella, ha de ser purificado (Ll 1, 9-10).

Sin embargo, no se ha de pensar que el Santo admita un dualismo en el ser humano. Al contrario repetidamente insiste en la unidad de todo el ser y pone muchos ejemplos de cómo ciertos fenómenos, como arrobamientos, repercuten de tal manera en el cuerpo que se sienten descoyuntar los huesos y "desasirse el alma de las carnes y desamparar el cuerpo [...] Y de aquí es que ha de padecer la carne, y por consiguiente el alma en la carne, por la unidad que tienen en su supuesto [su único ser]" (C 13, 4).

La razón del análisis psicológico minucioso es para demostrar que todo rincón o recoveco del ser humano ha de ser transformado si ha de unirse con Dios. De humano se ha de convertir en divino, para unirse a la divinidad.

Por ello, "el hombre que busca el gusto de las cosas sensuales y en ellas pone su gozo no merece ni se le debe otro nombre que estos que habemos dicho, a saber: sensual, animal, temporal, etc." (S III, 26, 3) –términos que pueden sonar duros, pero no significan otra cosa que la inclinación de toda la persona hacia las cosas materiales. Es necesario cambiar esa inclinación porque el "hombre sensual" no llegará más que a la corteza de las cosas, y no a la sustancia y valor radical de las mimas (S III, 20, 2).

2. *Transformación espiritual*

También el "hombre espiritual" ha de ser transformado. No es éste diferente al sensual en cuanto persona, sino que esa calificación es debida al momento en que el ser humano empieza a orientar su vida hacia lo superior. Empieza a ver las cosas bajo una perspectiva nueva, se da como una transposición de los sentidos, que se vuelven "espirituales" y descubren nuevos valores en las cosas (S III, 13, 4). Quien logra librarse de la sensualidad "verá cuán mísera servidumbre era la que tenía y a cuántas miserias estaba sujeta [su alma] cuando lo estaba a la obra de sus potencias y apetitos, y conocerá cómo la vida del espíritu es verdadera libertad y riqueza, que trae consigo bienes inestimables" (N II, 14, 3).

Aquí, las facultades que han de ser transformadas son el entendimiento, la memoria y la voluntad. De cada una de ellas trataremos un poco. A modo de resumen escribe el Santo: "Iremos tratando cómo se ha de perfeccionar el entendimiento en la tiniebla de la fe, y cómo la memoria en el vacío de la esperanza, y cómo también se ha de enterar [fortalecer] la voluntad en la carencia y desnudez de todo afecto para ir a Dios" (S II, 6, 1).

a. El entendimiento

El entendimiento se purifica con la virtud de la fe. De ella habla incesantemente. A su análisis consagra toda la segunda parte de la *Subida del Monte Carmelo*, con 32 capítulos. Prueba con toda clase de razonamientos "cómo ninguna cosa criada ni pensada puede servir al entendimiento de propio medio para unirse con Dios, y cómo todo lo que el entendimiento puede alcanzar, antes le sirve de impedimento que de medio, si a ello se quisiese asir" (S II, 8, 1), solamente la fe sirve de medio adecuado para la unión con Dios.

"Dios es la sustancia de la fe"(C 1,10). "La fe nos da y comunica al mismo Dios" (C 12, 4). "Se le comunica toda la Sabiduría de Dios generalmente, que es el Hijo de Dios, que se comunica al alma en fe" (S II, 29,6). "Porque es tanta la semejanza que hay entre ella y Dios, que no hay otra diferencia sino ser visto Dios y creído" (S II, 9, 1). La fe nos presenta a Dios tal cual es. Por eso "antes se ha de apartar el entendimiento de sí mismo y de su inteligencia para allegarse a Dios, caminando en fe, creyendo y no entendiendo. Y de esa manera llega el entendimiento a la perfección, porque por fe y no por otro medio se junta con Dios"(Ll 3, 48).

A medida que el alma avanza hacia la unión divina y Dios la regala con fenómenos sobrenaturales como visiones, revelaciones, locuciones, sentimientos espirituales, etc., el Santo insistirá que todo eso se ha de rechazar porque no es el mismo Dios. El objetivo es Dios, no sus regalos. He aquí la norma definitiva a observar. "Es lo más acertado y seguro hacer que las almas huyan con prudencia de las tales cosas sobrenaturales, acostumbrándolas... a la pureza de espíritu en fe oscura, que es el medio de la unión" (S II, 19, 14).

b. La memoria

El análisis de la purificación de la memoria se inicia en la tercera parte de la Subida y le dedica 15 capítulos. A la purificación de la memoria y de la voluntad dedica menos capítulos porque los principios establecidos para la purificación de la inteligencia se pueden aplicar también a las otras dos facultades.

La memoria ha de ser despojada de toda forma y noticia natural, de todo recuerdo, "pues Dios no cae debajo de forma ni noticia alguna distinta, como lo habemos dicho en la noche del entendimiento" (S III, 2, 4). Esto pudiera parecer una contradicción si tenemos en cuenta que al hablar de la meditación se dijo que era necesario que los principiantes meditasen mediante figuras e imágenes; sin embargo hay que tener en cuenta que ese estadio transitorio hay que superarlo para llegar a la unión con Dios. "Por lo cual así lo haremos ahora en la memoria, sacándola de sus límites y quicios naturales y subiéndola sobre sí, esto es, sobre toda noticia distinta y posesión aprehensible, en suma esperanza de Dios incomprensible"(S III, 2, 3).

La memoria se transforma con la posesión de Dios. De "la esperanza no hay duda sino que también pone a la memoria en vacío y tiniebla de lo de acá y de lo de allá. Porque la esperanza siempre es de lo que no se posee, porque, si se poseyese, ya no sería esperanza" (S II, 6, 3).

"La ausencia del Amado causa continuo gemir en el amante, porque como fuera de él nada ama, en nada descansa ni recibe alivio" (C 1,14). Dicho de manera inversa, "de donde en esto se conocerá el que de veras a Dios ama, si con ninguna cosa menos que él se contenta" (C 1, 14). Esa es la medida de nuestro amor.

"Imperfecciones a cada paso las hay si pone la memoria en lo que oyó, vio, tocó, olió y gustó, etc.; en lo cual se le ha de pegar alguna afición, ahora de dolor, ahora de temor, ahora de odio, o de vana esperanza y vano gozo y vanagloria, etc." (S III, 3, 3). De todas estas memorias se ha de purificar el alma y colocar en su lugar el pensamiento de Dios. La experiencia humana nos dice cuánto sufrimos con los recuerdos desagradables que nos asaltan en la memoria. Intencionalmente hemos de superar todos esos recuerdos. Su olvido nos brinda una libertad de espíritu preciosa para ocuparnos en Dios. Aunque también dirá el Santo que el recuerdo de pecados grandes perdonados nos puede servir para ponderar las grandes misericordias divinas recibidas, y no presumir de uno mismo (C 33, 1).

Una vez realizada la purificación de la memoria, "el Espíritu de Dios las hace saber [a estas almas] lo que han de saber, e ignorar lo que conviene ignorar, y acordarse de lo que se han de acordar sin formas [o con formas] y olvidar lo que es de olvidar, y las hace amar lo que han de amar, y no amar lo que no es en Dios. Y así, todos los primeros movimientos de las potencias de las tales almas son divinos" (S III, 2, 9).

c. La voluntad

A esta virtud le dedica 20 capítulos de la tercera parte de la *Subida*. Sabe muy bien que el amor afecta toda nuestra vida de una manera muy compleja y quiere atar bien todos los cabos.

"No hubiéramos hecho nada en purgar el entendimiento para fundarle en la virtud de la fe, y a la memoria en la de la esperanza, si no purgásemos también la voluntad acerca de la tercera virtud, que es la caridad, por la cual las obras hechas en fe son vivas y tienen gran valor; y sin ella no valen nada" (S III, 16, 1). El amor a Dios a un nivel profundo místico no surge de un mandamiento impuesto, sino de una experiencia profunda y primordial que capta que el amor que Dios nos tiene es el origen y fuente de nuestro amor.

Si nuestro amor surge del divino, es lógico y legítimo que a él le demos prioridad y exclusividad "el que quiere amar a otra cosa juntamente con Dios, sin duda es tener en poco a Dios, porque pone en una balanza con Dios lo que sumamente dista de Dios" (S I, 5, 4). Efectivamente, si de Dios recibimos el amor ¿cómo podemos dar más amor a cualquier cosa creada que a Dios mismo? No rechaza el Santo el amor a las criaturas, cuando es justo y debido; rechaza un amor desordenado; rechaza que se les dé prioridad y exclusividad sobre el amor a Dios. Lo lógico es amar a Dios y todo lo demás en Dios o por Dios. El pueblo sencillo está acostumbrado a dichos como: "Dios primero", "Dios por delante". Ahí queda todo explicado. Por ello, no se trata de eliminar el gusto o gozo que los bienes terrenos puedan causar en el ser humano, sino de purificarlo. De ahí también que para el Santo, "amor" no sea mero sentimiento, sino algo mucho más profundo que arranca de Dios y produce obras divinas.

Así que "el gozo puede nacer de seis géneros de cosas o bienes, conviene a saber: temporales, naturales, sensuales, morales, sobrenaturales y espirituales; acerca de los cuales habemos de ir por su orden poniendo la voluntad en razón, para que no, embarazada por ellos, deje de poner la fuerza de su gozo en Dios" (S III, 17, 2).

Los tres primeros son bienes terrenales; los siguientes, celestiales. De unos y otros ha de liberarse el alma. El Santo lo explica con un ejemplo sencillo. "Porque eso me da que un ave esté asida a un hilo delgado que a uno grueso, porque, aunque sea delgado, tan asida se estará a él como al grueso, en tanto que no le quebrare para volar. Verdad es que el delgado es más fácil de quebrar, pero, por fácil que es, si no le quiebra, no volará" (S I, 11, 4). Lo mismo sucede al alma con apego a cualquier cosa creada, aunque sea espiritual o celestial. Si aplicamos el principio anterior, tendremos que el gozo de todas las cosas es bueno, pero cuando está fundamentado en Dios, Dios primero.

De nuevo vemos aquí cómo el afecto o gozo en bienes espirituales puede causar tanto daño como el gozo en los materiales. De todo se ha de purificar el alma que desea unirse a Dios. El alma que así lo hace notará ir surgiendo en ella un nuevo modo de amar. "Este amor algunas veces no lo comprende la persona ni lo siente, porque no tiene este amor su asiento en el sentido con ternura, sino en el alma con fortaleza y más ánimo y osadía que antes" (S II, 24, 9).

Una vez que el alma, con mucho esfuerzo y con la ayuda divina, ha logrado coronarse de virtudes, las encontrará "en el alma como tendidas en amor de Dios, como en sujeto en que bien se conservan; y están como bañadas en amor, porque todas y cada una de ellas están siempre enamorando al alma de Dios, y en todas las cosas y obras se mueven con amor a más amor de Dios" (C 24, 7). Ahora, el alma podrá amar todas las cosas, pero con un amor originado en Dios.

3. "Interior recogimiento"

Después de un largo caminar centrado en un esfuerzo titánico de concentración de fuerzas, afectos y amor en Dios, el alma se encuentra recogida en el interior de su alma gozando íntimamente de Dios. "Mi alma está ya desnuda, desasida, sola y ajena de todas las cosas criadas de arriba y de abajo, y tan dentro entrada en el interior recogimiento contigo, que ninguna de ellas alcanza ya de vista el íntimo deleite que en ti poseo" (C 40, 2). Por fin, el alma ha comprendido que Dios está en su interior, en lo más profundo de su alma, y allí ha de centrar todas sus fuerzas y afectos y amores.

La transformación total

Las inclinaciones que antes andaban dispersas se encuentran ahora concentradas en Dios. La fuerza de la voluntad se ha recogido en Dios (S III, 28, 6). Se trata aquí de un recogimiento y concentración a nivel muy profundo, no sólo de una atención intensa como se pudiera dar en un retiro espiritual.

A nuestro Santo le gustaba recomendar ir al interior de Dios. Tenemos una anécdota bella e ilustrativa en este aspecto. Cierto día una monja, Catalina de la Cruz, cocinera en el monasterio de Beas, le pregunta por qué, cuando ella pasea cerca de la balsa de agua que tienen en la huerta, las ranas que están a la orilla, apenas oyen el ruido de sus pisadas, saltan al agua y se ocultan en lo hondo de la balsa. Fray Juan contesta porque aquél es el lugar y centro donde tienen seguridad. "Así ha de hacer ella —le dice— huir de las criaturas y zambullirse en lo hondo y centro, que es Dios, escondiéndose en él".

Largos años dedicados a la meditación y a un recogimiento de sentidos y facultades han contribuido a esta concentración interior. Se encuentra ya el alma muy escondida en Dios. Todavía falta mucho camino por andar, pero Dios saldrá al encuentro y dará la mano al alma recogida para llevarla al verdadero interior de Dios.

Para que el alma esté segura de que se trata de un recogimiento a nivel muy profundo y no de una concentración intensa, pero pasajera, el Santo ofrece unas señales que indican la naturaleza del nuevo estado interior.

"Las señales de este recogimiento interior son tres. La primera, si el alma no gusta de las cosas transitorias; la segunda, si gusta de la soledad y silencio y acudir a todo lo que es más perfección; la tercera, si las cosas que solían ayudarle le estorban, como son las consideraciones y meditaciones y actos; no llevando el alma otro arrimo a la oración sino la fe y la esperanza y la caridad" (*Puntos de amor*, 39).

El ejercicio más eficaz para llegar a este recogimiento ha sido la meditación. Expresado de una forma axiomática: "Buscad leyendo y hallaréis meditando; llamad orando y abríos han contemplando", atribuido al cartujo Guido II, y citado aquí en la versión de san Juan de la Cruz.

Estamos ya entrando en el estado místico de la contemplación. Una gracia concedida por Dios a pocos seres humanos. De ella trataremos en la tercera parte.

Recapitulación

- La purificación del sentido ha dado libertad al alma y ahora obra orientada por el espíritu.
- El espíritu también puede apegarse y esclavizarse de los bienes espirituales que recibe, por lo tanto tiene que ser purificado.
- Se purifican las operaciones del entendimiento mediante la virtud de la fe, de la memoria mediante la virtud de la esperanza y de la voluntad por medio del amor.
- Finalmente, se logra un recogimiento interior a un nivel muy profundo, que indica un nuevo estado espiritual.

Tercera Parte
La Noche oscura

Tras un esfuerzo gigantesco realizado por el alma para llegar a la cumbre del monte de perfección llega un momento en que se encuentra en un estado que históricamente se ha llamado de *proficientes* o *aprovechados*; o, con otra terminología, *vía iluminativa*. Este es un paso decisivo para llegar a la unión perfecta con Dios. Quienes aquí llegan encontrarán sorpresa tras sorpresa, verán que antiguos moldes de oración y de espiritualidad resultan débiles para continuar el camino, y empezarán a constatar que es Dios quien definitivamente los va a llevar de la mano. Se encuentran en la noche pasiva según la terminología de san Juan de la Cruz.

Capítulo Cuatro
La Noche oscura

1. La obra

Tal vez sea ésta la obra que más fama le haya dado a san Juan de la Cruz, porque nadie ha descrito con mayor detalle y precisión lo que sucede a un alma que entra en el estado contemplativo de purificación e iluminación, es decir, en la noche pasiva del sentido y sobre todo del espíritu. Mencionar a san Juan de la Cruz es pensar en la *Noche oscura*. Para algunos es "la más alta y original creación de san Juan de la Cruz".

Escribió esta obra consciente de que sobre el tema había "muy poco lenguaje, así de plática como de escritura, y aun de experiencia muy poco" (N I, 8, 2). No es de sorprender que se hubiera escrito poco sobre esta noche pasiva del espíritu, ya que la experiencia de pasar por ella también había sido muy escasa.

Según su intención original el tema de este escrito debiera formar parte del gran tratado de la *Subida del Monte Carmelo*, pero no lo hizo. Fue posponiendo su escritura tal vez por lo difícil del tema o tal vez porque pensaba que "los menos" se aprovecharían de su doctrina ya que no escribiría de "cosas muy morales y sabrosas para todos los espíritus que gustan de ir por cosas dulces y sabrosas a Dios, sino *doctrina sustancial y sólida,* así para los unos como para los otros, si quisieren pasar a la desnudez de espíritu que aquí se describe" (S pról. 8). En otras palabras, el Santo sabía que se había escrito mucho sobre una espiritualidad "sabrosa y dulce", pero ahora va escribir sobre algo que es muy amargo para el espíritu, pero es consciente de tener, de esa noche pasiva del espíritu, "grave palabra y doctrina" (N I, 13,3). Por ello, la *Noche* se puede muy bien considerar como un complemento doctrinal de la *Subida*.

La importancia y necesidad de esta noche se deben a que el alma por sí sola no puede purificarse "cumplidamente hasta que Dios no le ponga en la pasiva purgación de la noche...donde sana el alma de todo lo que ella no alcanzaba a remediarse" (N I, 3,3).

Dada la gran experiencia que tiene sobre el tema, escribe esta obra en pocos días entre los años 1584-85, en la ciudad de Granada. Sólo comenta las dos primeras estrofas; sin embargo, el contenido doctrinal puede decirse que es completo, acabado y original.

El poema es de una belleza extraordinaria. Manifiesta el proceso espiritual vivido por el Santo. Refleja dos tiempos bien definidos, "los estrechos trabajos y aprietos de la noche" –en las primeras canciones– y "la alta y dichosa unión con Dios" –en las tres últimas.

El poema
1. En una noche oscura,
con ansias, en amores inflamada
¡oh dichosa ventura!
salí sin ser notada
estando ya mi casa sosegada.

2. A oscuras y segura
por la secreta escala, disfrazada,
¡oh dichosa ventura!
a oscuras y en celada,
estando ya mi casa sosegada.

3. En la noche dichosa,
en secreto, que nadie me veía,
ni yo miraba cosa,
sin otra luz y guía
sino la que en el corazón ardía.

4. Aquésta me guiaba
más cierto que la luz del mediodía,

adonde me esperaba
quien yo bien me sabía,
en parte donde nadie parecía.

5. ¡Oh noche que guiaste!
¡Oh noche amable más que el alborada!
¡Oh noche que juntaste
Amado con amada,
amada en el Amado transformada!

6. En mi pecho florido,
que entero para él solo se guardaba,
allí quedó dormido,
y yo le regalaba,
y el ventalle de cedros aire daba.

7. El aire de la almena,
cuando yo sus cabellos esparcía
con su mano serena
en mi cuello hería
y todos mis sentidos suspendía.

8. Quedeme y olvideme,
el rostro recliné sobre el Amado,
cesó todo y dejéme,
dejando mi cuidado
entre las azucenas olvidado.

2. El símbolo

El símbolo es un recurso muy usado por los escritores místicos para expresar figurativamente lo que no pueden expresar directamente con palabras. Sus vivencias son tan profundas e inusitadas que no encuentran un lenguaje directo, y así se sirven de imágenes, comparaciones, exclamaciones, etc. para describir lo misterioso que están viviendo (C pról. 1).

Al Santo le son familiares términos como: tiniebla, oscuridad, noche, por haberlos recibido de una larga tradición bíblica, patrística e incluso filosófica (neoplatonismo), y por una rica y larga experiencia personal, a veces dolorosa. Recordemos su fuga, durante la noche, después de nueve meses en la cárcel del convento de Toledo. El largo sufrimiento vivido en las diferentes etapas de su vida le ayuda a usar el símbolo de la noche como apto para expresar la vivencia del espíritu. Así llama "noche oscura con harta propiedad a este camino estrecho" (N pról.). Y por tres razones llama noche oscura a este tránsito hacia la unión con Dios: primera, por parte del arranque por tener que negar la afición a las cosas terrenas, lo cual es noche para la vida sensitiva del ser humano; segunda, por el camino de fe que ha de seguir para llegar a Dios, y es oscuro para el alma; tercera, por el término final que es Dios, "el cual, ni más ni menos, es noche oscura para el alma en esta vida" (S I, 2,1).

3. *El contenido*

El contenido de la *Noche,* antes reservado a los especialistas, es hoy objeto de estudio y curiosidad en casi todos los campos del saber. Tras un siglo en el que expresiones como "el silencio de Dios" o "Dios ha muerto" se hicieron populares, la confesión abierta del Santo carmelita que nos habla de la presencia de Dios en lo íntimo del alma sin duda habría de suscitar curiosidad. Incluso entró en el campo del cinema: recuérdese la película *La noche oscura* (1989), de Carlos Saura.

Declara en el prólogo de esta obra que se propone primero hablar de la purificación pasiva de la parte sensitiva, cuya "purgación o noche es amarga y terrible para el sentido" (N I, 8,2) y luego de la espiritual de la que tiene –como hemos indicado– "grave palabra y doctrina" y "es horrenda y espantable para el espíritu" (N I, 8, 2). A la primera consagrará el primer libro; y a la segunda, el segundo. La mayor paradoja de la acción divina es que a medida que Dios va asentándose en el alma por medio de una "infusión pacífica y amorosa" le causa pena, dolor y oscuridad, y todo ello por el exceso de iluminación que Dios produce.

El objetivo final de la purificación pasiva que Dios va a efectuar en el alma es librarla de cualquier inclinación a buscar gusto y satisfacción en deleites espirituales. Para lograr una perfecta unión con Dios se han de superar todas las satisfacciones infantiles, y fortalecer el alma con un amor absolutamente desinteresado y fuerte que transcienda toda glotonería espiritual. En otras palabras, el alma ha de renunciar a su centro egoísta para centrarse de lleno en Dios. Esta noche oscura, pues, va a causar un desequilibrio total en lo más profundo del ser humano, va a reorientar toda su vida y existencia al verdadero centro vital que inconscientemente siempre ha buscado, pero por caminos errados. Una vez hallado ese centro vital que es Dios, éste iluminará de tal manera el alma que la cegará por completo. Paradoja de paradojas. Oscuridad de oscuridades. Tormento de tormentos. Pero, al mismo tiempo, el culmen de toda felicidad.

a. Noche del sentido

En el primer libro dedica seis capítulos (2-7) a tratar de los vicios capitales en los cuales radican otras imperfecciones. Con singular agudeza psicológica y espiritual va analizando los siete vicios capitales: soberbia, avaricia, lujuria, ira, gula, envidia y acedia, todos ellos bajo el aspecto espiritual. Son defectos e imperfecciones en que caen todavía los principiantes antes de entrar en la noche pasiva del espíritu. Caen en esos defectos porque se dejan llevar todavía de "su propio amor y gusto" (N I, 8,3). Sin embargo, esta purificación pasiva del sentido solamente tiene un valor relativo y remoto para la unión con Dios. Sirve más bien para "acomodar el sentido al espíritu" (N II, 2,1). Por ello, Dios introduce solamente en la noche del sentido a los principiantes "que se han ejercitado algún tiempo en el camino de la virtud, perseverando en meditación y oración (N I, 8,3) y lo hace para purificar[los] de todas estas imperfecciones para "llevarlos adelante" (N I, 8, 3).

Mientras el espíritu no esté purificado, la parte sensitiva del ser humano "padece debilitaciones y detrimentos […] De ahí es que las comunicaciones [divinas] de éstos no pueden ser muy fuertes, ni muy intensas, ni muy espirituales, cuales se requieren para la divina unión con Dios…De aquí vienen los arrobamientos y traspasos y descoyuntamiento de huesos, que siempre acaecen cuando las comunicaciones no son puramente espirituales, esto es, al espíritu sólo, como son las de los perfectos, purificados ya por la noche segunda del espíritu" (N II, 1, 2).

Por ello, de la noche pasiva del sentido trata de pasada, porque su tema preferido es dilucidar la noche pasiva del espíritu. En cuanto a la duración de la noche del sentido "no es cosa cierta decirlo", pues depende de Dios y del alma. De Dios, conforme "al grado de unión de amor a que Dios la quiere levantar". Del alma, según la debilidad o fortaleza que posean para aguantar el mayor o menor sufrimiento. De acuerdo a estos dos factores la purificación puede durar más o menos (N I 14, 5).

De la necesidad de la noche pasiva no se puede dudar. Llega un momento en que los principiantes no podrán avanzar sin la ayuda divina. "Por más que el principiante en mortificar en sí se ejercite todas sus acciones y pasiones, nunca del todo ni con mucho, puede purificarse hasta que Dios lo hace pasivamente por medio de la purgación de dicha noche" (N I, 7, 5).

Ahora bien, resulta prácticamente imposible hacer una separación tajante y cronológica entre la purificación activa de esos vicios en que los principiantes caen y la purificación pasiva que Dios ejerce al paso que los va introduciendo en el estado contemplativo. En el capítulo 13 del libro primero de la noche el Santo ofrece una exposición sumaria de la obra que Dios va efectuando en esos espirituales (principiantes camino de aprovechados).

Mientras los principiantes-aprovechados se encuentran en este largo ejercicio de purificación, van logrando una serie larga de bienes que los acomodan para la futura unión con Dios. Entre ellos se pueden mencionar: sujeción del sentido al espíritu, espíritu de fortaleza, arraigo de la fe y frutos de la misma, eliminación de deficiencias y males derivados de los siete vicios capitales, conocimiento de sí mismo, humildad espiritual, ordinaria memoria de Dios, ejercicio armónico de las virtudes, libertad de espíritu, pureza en el amor de Dios, cuidado de las cosas de Dios. Se logran otros "innumerables provechos por medio de esta seca contemplación" de la noche oscura, porque "en medio de estas sequedades y aprietos muchas veces, cuando menos se piensa, comunica Dios al alma suavidad espiritual y amor muy puro y noticias espirituales, a veces muy delicadas, cada una de mayor provecho y precio que cuanto antes gustaba" (N I, 13, 10).

Esta noche del sentido va preparando la otra mucho más profunda y provechosa del espíritu. Entre las dos noches existe una unidad indisoluble, como entre la parte sensitiva y espiritual, de tal forma "que la una nunca se purga bien sin la otra, porque la purgación válida para el sentido es cuando de propósito comienza la del espíritu. De donde la noche que habemos dicho del sentido, más se puede y debe llamar cierta reformación enfrenamiento del apetito que purgación. La causa es porque todas las imperfecciones y desórdenes de la parte sensitiva tienen su fuerza y raíz en el espíritu, donde se sujetan los hábitos buenos y malos..." (N II, 3, 1; N II, 2,1).

La salida de la noche pasiva del sentido da comienzo a un estado nuevo espiritual llamado de "proficientes o aprovechados" o "vía iluminativa o de contemplación infusa". Y aquí pasan "los menos" (N I, 14, 1). La entrada en esa noche pasiva del espíritu es sorprendente, desconcertante, paralizante y se realiza por medio de la contemplación.

b. *La contemplación*

Después de muchos años de meditación y de ejercicio espiritual, el alma así ejercitada se encuentra en el borde de un nivel espiritual superior. Es el estado de los *proficientes o aprovechados* o también la vía *iluminativa*. La señal más clara para notar el tránsito de un estado (*principiantes*) a otro (*proficientes*) es la sustitución de la meditación discursiva por la contemplación.

Tal estado es inalcanzable por el esfuerzo natural. San Juan de la Cruz es tajante en este sentido: "No todos los que se ejercitan de propósito en el camino del espíritu lleva Dios a la contemplación, ni aún la mitad: el por qué, él se lo sabe" (N I, 9, 9). Santa Teresa lo dirá con su castizo estilo: "Es ya cosa sobrenatural y que no la podemos procurar nosotros por diligencias que hagamos; porque es un ponerse el alma en paz o ponerla el Señor con su presencia, por mejor decir, porque todas las potencias se sosiegan" (*Camino de perfección,* 31, 2). Lo mismo se puede leer en la obra *Katha Upanishad* "Dios se manifiesta a quien quiere"(II, 2, 23). Así, según el Santo, unas almas, gracias a un don gratuito de Dios, van por el camino de la contemplación (éstas sufrirán una rigurosa purificación posterior hasta llegar a la unión con Dios) y otras van por el camino normal del espíritu, sin llegar a la contemplación.

San Juan de la Cruz aclara la enigmática expresión "Dios lo sabe", añadiendo que son pocos los seres humanos que responden totalmente a la gracia divina y que están dispuestos a sufrir los rigores de una noche purgativa del espíritu que vendrán con la contemplación.

Algunos autores, no entendiendo bien la naturaleza del estado contemplativo, se esfuerzan en atacar y rechazar una doctrina basada en una experiencia centenaria. Véase el capítulo siete de *Centering Prayer and Inner Awakening* de Cynthia Bourgeault. Piensa esta autora que de la meditación se puede pasar a la contemplación y de ésta a aquella, cuando uno quiera. Nada más erróneo. Una vez que Dios introduce a uno en el estado contemplativo, ya no podrá volver a meditar, como el niño que aprende a caminar ya no querrá arrastrarse por los suelos. Al término "contemplación" le ha sucedido como a los de "espiritualidad" y "misticismo" ya mencionados en la introducción, que no se toman en el sentido estricto y clásico que han tenido durante cientos de años en la historia de la espiritualidad.

Veamos un ejemplo puesto por el Santo: "…los que imaginan a Dios debajo de algunas figuras…, o como un gran fuego o resplandor, u otras cualquier formas, y piensan que algo de aquello será semejante a él, harto lejos van de él. Porque aunque a los principiantes son necesarias estas consideraciones y formas y modos de meditaciones para ir enamorando y cebando el alma por el sentido, y así le sirven de medios remotos para unirse con Dios…pero ha de ser de manera que pasen por ellos y no se estén siempre en ellos, porque de esa manera nunca llegarían al término… como el que sube una escalera si se detiene en un peldaño… (S II, 12, 5).

Las almas que Dios introduce en la contemplación, o noche oscura del alma, necesitan un director experto y celoso, cosa no fácil de encontrar, como el mismo Santo indica repetidas veces.

Sólo los grandes maestros del espíritu, como el Místico carmelita, pueden distinguir el paso del estado meditativo al contemplativo. Una y otra vez, critica el Santo a los "muchos espirituales" que "yerran" por querer que sus dirigidos se mantengan en la meditación, y es que ellos mismos "no saben el misterio de aquesta novedad" (S II, 12, 6 y 7). Dios está introduciendo a esas almas en un sistema *nuevo* de oración. La imposibilidad de orar es sólo aparente. Ya no podrán meditar, ni discurrir ni reflexionar. Pero se encuentran estas almas en un estado espiritual superior cuyas vidas son ya todo oración. Se produce en ellas ahora una situación de miedo e inseguridad. El tránsito resulta ser un contraste con el ejercicio meditativo, mantenido durante años. No es una ruptura en el contacto con Dios, sino un cambio de situación. Ahora se enfrentan a una aridez paralizante, y sienten ganas de abandonarlo todo y volver atrás.

Ahora bien, no hay que pensar que de la meditación a la contemplación se dé una ruptura brusca, que un día sí puedo meditar y al siguiente no, porque me encuentro contemplando. De la meditación a los primeros pasos de la contemplación se da una situación fluida. Quienes comienzan a "tener esta noticia amorosa en general" tendrán necesidad del discurso "hasta que vengan a adquirir el hábito perfecto". Hasta llegar a tal punto "hay de lo uno y de lo otro en diferentes tiempos" (S II, 15, 1, todo el capítulo).

Dios introduce a estas almas en una nueva situación espiritual para pulirlas, suavizarlas y hacerlas dóciles para que no le resistan en la tarea transformativa que va a operar en ellas. Santa Teresa lo dirá de una manera muy sencilla: "En esta contemplación, su Majestad es el que todo lo hace, que es obra suya, sobre nuestro natural" (*Camino de perfección*, 25, 3). Como Dios va a elevarlas muy alto espiritualmente, quiere que se dejen llevar, que no presuman de su propia nada y se glorien sólo de Dios. Las somete a una oscuridad espantosa y prolongada para disponerlas, a su debido tiempo, a una transformación divina. San Juan de la Cruz, mejor que nadie, ha descrito todo el proceso de esta noche "terrible".

c. *Señales del estado contemplativo*

Además del *Dicho* 39 antes citado al hablar del recogimiento interior, en otras tres ocasiones ofrece Juan de la Cruz señales para indicar el tránsito de la meditación a la contemplación: en la *Subida* (S II, 12-15), en la *Noche oscura* (N I, 9-10) y en la *Llama* (L 3, 31-67). En cada uno de estos casos presenta la misma doctrina con una perspectiva distinta. Las señales indicadas por el Santo para saber si un alma ha entrado en el estado contemplativo son: 1) Ahora no puede meditar. Por mucho que se esfuerce, le resulta imposible discurrir y reflexionar con la imaginación. 2) No encuentra gusto ni en las cosas de Dios ni en las creadas. 3) El alma se encuentra centrada, en advertencia *general y amorosa en Dios,* y siente una solicitud por servir a Dios con mayor fidelidad.

Añade el Santo que "estas tres señales ha de ver en sí juntas, por lo menos, el espiritual para atreverse seguramente a dejar el estado de meditación y del sentido y entrar en el de contemplación y del espíritu" (S II, 13, 5). Y pasa a describirnos el proceso de esta manera: "En este tiempo totalmente se ha de llevar el alma por modo contrario del primero. Que si antes le daban materia para meditar y meditaba, que ahora antes se la quiten y que no medite, porque, no podrá, aunque quiera, y, en vez de recogerse, se distraerá [...] porque sería poner obstáculo al principal agente, que, es Dios, el cual oculta y quietamente anda poniendo en el alma sabiduría y *noticia amorosa* sin especificación de actos. Y así, entonces el alma también se ha de andar sólo con advertencia amorosa a Dios, sin especificar actos, habiéndose pasivamente, sin hacer de suyo diligencias, con la determinación y advertencia amorosa, simple y sencilla, como quien abre los ojos con advertencia de amor.

"Que Dios entonces, en modo de dar, trata con ella con noticia *sencilla y amorosa,* también el alma trate con él en modo de recibir con noticia y advertencia sencilla y amorosa, para que así se junten noticia con noticia y amor con amor. Porque conviene que el que recibe se haya al modo de lo que recibe, y no de otra manera, para poderlo recibir y tener como se lo dan" (Ll 3, 33-34).

Queda claro que al llegar el alma a este punto está entrando en un nuevo "estado" espiritual en el que Dios toma la iniciativa de comunicarse y cambiar de estilo la relación. Dios está colocando al alma en un estado de amor general, es decir, totalizante. Esta *noticia amorosa general* supera a las visiones, revelaciones y locuciones; es algo más hondo y profundo. Lo dirá el Santo con palabras más precisas en dos definiciones de lo que es la contemplación infusa: "En que de secreto enseña Dios al alma y la instruye en perfección de amor, sin ella hacer nada ni entender cómo" (N II, 5, 1). "Contemplación no es otra cosa que infusión secreta, pacífica y amorosa de Dios que, si le dan lugar, inflama al alma en espíritu de amor" (N I, 10, 6).

Lo novedoso, pues, de esta situación no son noticias, reflexiones, sino una nueva realidad y estilo de sentir a Dios en lo más profundo del alma. Le cuesta al alma acomodarse a esta nueva experiencia en la que Dios tiene la iniciativa y ella se ha de conducir con docilidad, colaboración ciega y pasivamente (S II, 12, 8). "De manera que muchas veces se hallará el alma en esta amorosa o pacífica asistencia sin obrar nada con las potencias (...) sino solamente tener advertencia el alma con amar a Dios, sin querer sentir ni ver nada. En lo cual pasivamente se le comunica Dios, así como al que tiene los ojos abiertos, que pasivamente sin hacer él más que tenerlos abiertos, se le comunica la luz" (S II, 15,2).

A medida que la contemplación se va asentando en el alma va ésta sintiendo una inflamación de amor "sin saber ni entender cómo y de dónde le nace el tal amor y afición" (N I, 11, 1). Todo lo cual no implica total pasividad; hay también colaboración humana. Se trata en realidad de un nuevo camino, "aquí entrar en camino, es dejar su camino" (S II, 4, 5) para seguir el de Dios. Es la senda que Dios inicia para ir purificando y perfeccionando al alma. Usa el Santo la imagen del pintor que está pintando un rostro "que si el rostro se menease en querer hacer algo, no dejaría hacer nada al pintor, y deturbaría lo que estaba haciendo" (N I, 10, 5).

El estado nuevo de contemplación en que se encuentra el alma es primordialmente una calidad nueva en el camino de santificación. Esta situación nueva no excluye ni rechaza la práctica continua de los otros ejercicios piadosos y litúrgicos. Ese es un error en que cayeron algunos movimientos místicos en el pasado.

Recapitulación

- La *Noche oscura*, obra originalísima del Santo.
- El obrar de Dios en el alma causa dolor y placer, ceguera e iluminación.
- La obra de Dios es necesaria para que el alma ascienda a la cumbre de la perfección espiritual.
- El alma, por sí sola, no puede llegar a la unión con Dios, pues necesita la mano divina.
- Dios purifica primero la parte sensitiva de todas sus inclinaciones nocivas. Esto es una noche "amarga y terrible".
- La contemplación es un nivel espiritual muy superior y reservado a unos pocos, y sirve para elevar las almas a la unión con Dios.

Capítulo Cinco
Hacia la unión

1. Desposorio místico

13. ¡Apártalos, Amado
que voy de vuelo!
    Esposo
    Vuélvete, paloma,
que el ciervo vulnerado
por el otero asoma,
al aire de tu vuelo, y fresco toma.

14. Mi amado las montañas,
los valles solitarios nemorosos
las ínsulas extrañas,
los ríos sonorosos,
el silbo de los aires amorosos

15. La noche sosegada
en par de los levantes de la aurora,
la música callada,
la soledad sonora,
la cena que recrea y enamora.

Con estas estrofas del *Cántico espiritual* empieza el Santo a describir el desposorio místico. El camino espiritual andado hasta este punto ha sido largo. "El ejercicio espiritual mucho" (C 14, 2). La ascesis intensa. La purificación "amarga y terrible". El alma ha ganado vigor y fortaleza. Las virtudes que antes eran flacas e imperfectas se han tornado fuertes y sólidas. Este largo caminar ha ido disponiendo al alma para el encuentro y la unión con Dios – unión que "denota un alto estado y unión de amor, en que, después de mucho ejercicio espiritual, suele Dios poner al alma, al cual llaman desposorio espiritual con el Verbo, Hijo de Dios" (C 14-15, 2). No se trata de la unión perfecta con Dios que "llaman matrimonio espiritual" (C 26, 4), sino de una *unión de voluntad* o de paso necesario; con todo, hay una promesa implícita de futuro matrimonio.

El alma se encuentra en nivel muy alto, pero no ha logrado la meta. Ansía la unión total con el Amado, y no ha de parar hasta que llegue el deseado momento. El alma todavía ha de padecer muchísimo. "La causa del padecer tanto el alma a este tiempo por él es que, como se va juntando a Dios, siente en sí más el vacío de Dios y gravísimas tinieblas en su alma, con fuego espiritual que la seca y purga, para que purificada, pueda unirse con Dios" (C 13, 1).

El alma que logra el desposorio místico está dominada por el sentimiento de la presencia de Dios. Esa presencia se hace cada vez más perceptible a través de gracias que se designan como "visitas del Amado", "toques de unión", "uniones", "comunicaciones". Son gracias sobrenaturales o místicas. Siguiendo las indicaciones del Santo el desposorio espiritual se caracteriza por las siguientes notas:

- Altas noticias (que tiene) el alma que llega a la unión con Dios, porque ellas mismas son la misma unión" (S II, 26, 5).
- Ciertos fenómenos místicos. Se mencionan "diferencias de raptos, éxtasis y otros arrobamientos y sutiles vuelos de espíritu que a los espirituales suelen acaecer" (C13, 7). Son gracias vinculadas a una "suma contemplación" (C 13,2), que implican cierta suspensión tal del alma que "le parecía volaba su alma de las carnes" (C 13,2) "siente como desasirse el alma de las carnes y desamparar el cuerpo" (C 13, 4) y de sus potencias. Implica este fenómeno repercusiones de carácter doloroso en el cuerpo, "porque es a veces tan grande el tormento que se siente en las semejantes visitas de arrobamientos, que no hay tormento que así descoyunte los huesos y ponga en estrecho al natural; tanto

que, si no proveyese Dios, se acabaría la vida (C13, 4, 6). Esto es debido a que la unión entre el alma y Dios todavía no es perfecta.

- "Esta parte sensitiva del alma es flaca e incapaz de las cosas fuertes del espíritu, de aquí que estos aprovechados, a causa de esta comunicación espiritual que se hace a la parte sensitiva, padecen en ella muchas debilitaciones y detrimentos y flaquezas de estómago, y en el espíritu consiguientemente fatigas" (N II 1, 2).
- Esto es señal manifiesta de imperfección, pese a las apariencias, pues semejantes "detrimentos naturales" acaecen a los que no han llegado a la perfección (C 14-15, 21). Quienes han llegado (superado el estadio de aprovechados) "sienten toda la comunicación hecha en paz y suave amor" (C13, 6; S III, 2, 6; N II, 1, 2; Ll 4,11-12).
- He aquí un resumen de lo que el alma siente en este estado: "Ve el alma y gusta en esta divina unión abundancia, riquezas inestimables, y halla todo el descanso y recreación que ella desea, y entiende secretos e inteligencias de Dios extrañas, que es otro manjar de los que mejor le saben; y siente en Dios un terrible poder y fuerza que todo otro poder y fuerza priva, y gusta allí admirable suavidad y deleite de espíritu, halla verdadero sosiego y luz divina, y gusta altamente de la sabiduría de Dios, que en la armonía de las criaturas y hechos de Dios relucen; y siéntese llena de bienes y ajena y vacía de males, y, sobre todo, entiende y goza de inestimable refección de amor, que la confirma en amor" (C 14-15, 4).
- Sin embargo, en este estado de desposorio, "aunque habemos dicho que el alma goza de toda tranquilidad y que se le comunica todo lo más que se puede en esta vida, entiéndese que la tranquilidad sólo es según la parte superior; porque la parte sensitiva, hasta el estado del matrimonio espiritual nunca acaba de perder sus resabios, ni sujetar del todo sus fuerzas; y que lo que se le comunica es lo más que se puede en razón de desposorio. Porque en el matrimonio espiritual hay grandes ventajas; porque en el desposorio, aunque en las visitas goza de tanto bien el alma Esposa como se ha dicho, todavía padece ausencias y perturbaciones y molestias de parte de la porción

inferior y del demonio, todo lo cual cesa en el estado del matrimonio" (C 14-15, 30+).

Por estas citas podemos comprobar los avances y el estado en que se encuentra esta alma. Sin duda tiene un grado muy elevado de perfección que le permite gozar de
- Altas noticias y de fenómenos místicos: raptos, éxtasis, arrobamientos, vuelos de espíritu.
- cierta suspensión del alma y de sus potencias,
- suspensión de los sentidos exteriores, sublime descanso y recreación, riquezas inestimables, etc.

Pero no todo es dulzura y deleite en este estado. Al mismo tiempo siente que la parte sensitiva del alma es flaca, señal manifiesta de imperfección. Peor aún, las ausencias del Amado son "muy aflictivas, y algunas son de manera que no hay pena que se le compare. La causa de esto es que como el amor que tiene a Dios en este estado es grande, atorméntale grande y fuertemente en la ausencia" (C 17, 1). Y es porque el alma tiene sed infinita de Dios y siente una "gran fuerza de deseo abisal por la unión con Dios, cualquier entretenimiento le es gravísimo y molesto" (C 17, 1).

Esta es la razón por la que estos aprovechados, en desposorio espiritual, han de pasar por los agudos sufrimientos de la espantable noche del espíritu.

2. "Horrenda y espantable noche para el espíritu" (N I, 8, 2)

Al llegar a este punto el alma ha recorrido un largo camino, un esfuerzo verdaderamente titánico, y con toda razón puede ser catalogada en la etapa de *los proficientes* (*aprovechados*), con todo, el caminar no ha concluido, todavía quedan imperfecciones y defectos que por sí misma no puede erradicar, permanece cierta insubordinación del espíritu al sentido. Se trata de purificar ya no el sentido sino la misma esencia del alma, su espíritu (N II, 2-4).

El avance realizado ha colocado a esta alma en el "desposorio espiritual" ya descrito, por eso resultan tan sorprendentes las pruebas que han de venir. Esta purificación ulterior y definitiva que va a realizar Dios es necesaria para que se efectúe una unión perfecta con Dios. Se trata de una noche "horrenda, espantable" en la que muy pocos entran, personas profundamente religiosas. "La razón de por qué son necesarios estos trabajos para llegar a este estado [de unión con Dios] es que, así como un subido licor no se pone sino en vaso fuerte, preparado y purificado, así esta altísima unión no puede caer en el alma que no sea fortalecida con trabajo y tentaciones, y purificada por tribulaciones, tinieblas y aprietos" (Ll 2, 25). Y, cosa asombrosa, a más sufrimiento corresponde más gloria "porque el más puro padecer trae más íntimo y puro entender, y por consiguiente, más puro y subido gozar, porque es de más adentro saber" (C 36,12).

a. Purgación e iluminación

En esta noche del espíritu, el alma puesta en ella no saca gusto alguno en las cosas espirituales, "ni puede levantar afecto ni mente a Dios, ni le puede rogar [...] ni rezar ni asistir con advertencia a las casas divinas puede" (N II, 8, 1) Todo resulta insípido. "Desnúdales las potencias y aficiones y sentidos [...], dejando a oscuras el entendimiento, y la voluntad a secas, y vacía la memoria, y las aficiones del alma en suma aflicción" (N II, 3, 3).

Hay un texto muy ilustrativo por la descripción tan clara y densa que hace de lo que sucede a un alma en esta purificación de la noche espiritual: "Esta noche oscura es una influencia de Dios en el alma, que la purga de sus ignorancias e imperfecciones habituales, naturales y espirituales, que llaman los contemplativos contemplación infusa o mística teología, en que de secreto enseña Dios al alma y la instruye en perfección de amor, sin ella hacer nada ni entender cómo. Esta contemplación infusa, por cuanto es sabiduría de Dios amorosa, hace dos principales efectos en el alma, porque la dispone purgándola e iluminándola para la unión de amor de Dios. De donde la misma sabiduría amorosa que purga los espíritus bienaventurados ilustrándolos es la que aquí purga al alma y la ilumina" (N II, 5, 1). De una manera concisa ha descrito que esta noche es "sabiduría de Dios amorosa" que produce los efectos de "purgación" e "iluminación", preparando al alma para la "unión de amor con Dios".

Toda la estructura de la noche gira en torno a esa "infusión pacífica y amorosa" de Dios que causa oscuridad y tiniebla, pena y dolor. Y no es que la contemplación de suyo pueda dar pena; antes bien, ofrece deleite y suavidad... "sino que la causa es la flaqueza e imperfección que entonces tiene el alma, y disposiciones que en sí tiene y contrarios para recibirlos; en los cuales embistiendo la dicha lumbre divina, ha de padecer el alma" (N II, 9, 11). Este encuentro amoroso entre Dios y el alma no hace más que descubrir la infinita distancia que media entre ambos, y cómo Dios, desbordando amor a cada momento, trata de acortar esa separación. Es una operación que Dios ejecuta con gran sabiduría, porque al paso que va purgándola, la va regalando con gracias sublimes. Por contradictorio que parezca, esas mismas gracias sublimes que deleitan, al mismo tiempo causan dolor.

"Cuanto el alma más se acerca a Dios, más oscuras tinieblas siente y más profunda oscuridad por su flaqueza; así como el que más se llegase al sol, más tinieblas y pena le causaría su grande resplandor por la flaqueza e impureza de sus ojos. De donde tan inmensa es la luz espiritual de Dios y tanto excede al entendimiento natural, que cuando llega más cerca, le ciega y oscurece" (N II, 16, 11). Por ello, también, "embistiendo la dicha lumbre divina ha de padecer el alma" (N II, 9, 11).

"Humilla Dios mucho al alma para ensalzarla mucho después y, si él no ordenase que estos sentimientos, cuando se avivan en el alma, se adormeciesen presto, moriría muy en breves días; mas son interpolados los ratos en que se siente su íntima viveza" (N II, 6, 6). Se encuentra esta alma en este estado como "el que tienen aprisionado en una oscura mazmorra atado de pies y manos, sin poderse mover ni ver, ni sentir algún favor de arriba ni de abajo, hasta que aquí se humille, ablande y purifique el espíritu, y se ponga tan sutil y sencillo y delgado, que pueda hacerse uno con el espíritu de Dios" (N II, 7, 3). "Pero lo que esta doliente alma aquí más siente, es parecerle claro que Dios la ha desechado y, aborreciéndola, arrojado en las tinieblas, que para ella es grave y lastimera pena creer que la ha dejado Dios…sombra de muerte y gemidos de muerte y dolores de infierno siente el alma muy a lo vivo, que consiste en sentirse sin Dios y castigada y arrojada e indigna de él, y que está enojado, que todo se siente aquí; y más, que le parece que ya es para siempre. Y el mismo desamparo siente de todas las criaturas y desprecio acerca de ellas, particularmente de los amigos" (N II, 6, 2-3).

En esta noche, sospecha el alma "que está perdida y acabados sus bienes para siempre. De aquí es que trae en el espíritu un dolor y gemido tan profundo que le causa fuertes rugidos y bramidos espirituales, pronunciándolos a veces por la boca, y resolviéndose en lágrimas cuando hay fuerza y virtud para poderlo hacer, aunque las menos veces hay este alivio" (N II, 9, 7). Dice lo mismo santa Teresa: el sentimiento de la ausencia de Dios causa en el alma tal dolor que con una viva noticia de Dios en esos momentos, procede quien (tiene esa noticia) "en dar grandes gritos" y aunque sea persona muy acostumbrada al dolor no puede evitarlo, porque el sentimiento de dolor no acaece en el cuerpo "sino en lo interior del alma" (*Moradas sextas*, cap. 11, 3). Para el alma que haya visto a Dios, no hay sufrimiento que se le pueda comparar al sentirse abandonada de él – ni prisiones ni muertes ni siquiera infiernos. Dios es la razón de ser de toda criatura humana; hacia él tiende como a centro de gravedad. Sin él el alma se desgarra y agoniza.

Evidentemente, esta noche espantosa del espíritu no tiene una finalidad sádica; al contrario, el sufrimiento conduce a bienes superiores. Sucede algo semejante en el desarrollo psicológico humano: el tránsito de una etapa a otra, de la niñez a la juventud y de ésta a la edad madura supone cambio, ajuste y sufrimiento. Dice el Santo: "aunque esta dichosa noche oscurece el espíritu... y lo humilla y pone miserable, no es sino por darle luz y ensalzarle y levantarle; aunque le empobrece y vacía de toda posesión y afección natural, no es sino para que divinamente pueda extender a gozar y gustar de todas las cosas de arriba y de abajo, siendo con libertad de espíritu general en todo" (N II, 9, 1).

En fin, "tantas y tan graves son las penas de esta noche del espíritu... que faltaría tiempo y fuerza escribiendo, porque sin duda todo lo que se puede decir es menos" (N II, 7, 2).

Resalta a las claras que el único agente en esa situación es Dios, quien toma la iniciativa para transformar a un alma de humana en divina. El alma se encuentra en una situación de pasividad, de angustia por no poder hacer nada. Mas no se trata de una pasividad absoluta, ya que el alma responde aceptando esa situación con fidelidad dolorosa. Cualquier cosa que hiciera no sería más que entorpecer la acción divina. Por ello, el Santo místico recomienda a las almas que se estén quietas "porque hasta que el Señor acabe de purgarlas de la manera que él lo quiere hacer, ningún medio ni remedio le sirve ni aprovecha para su dolor" (N II, 7, 3); que "confíen en Dios, que no deja a los que con recto y sencillo corazón le buscan; ni les dejará de dar lo necesario para el camino, hasta llevarlos a la clara y pura luz de amor" (N I, 10, 3); y finalmente, que sepan vivir el momento en que se encuentran, "sufriendo con paciencia y fidelidad" (L 2, 28).

Compara el Santo esta situación a la misma muerte, pero una muerte que conduce a una resurrección bellísima. "En este sepulcro de oscura muerte le conviene estar, para la espiritual resurrección que espera" (N II, 6, 1). Ha de ser una "viva muerte de cruz" (S II, 7, 11). Dios realiza lentamente una transformación total en todo el psiquismo humano, pasándolo de un sentir y gozar superficial a una sentir y gozar divino (N II, 3, 3).

b. Purificación total

Con un ejemplo podremos entender mejor lo que sucede en el ser humano. El alma devota de Dios, tras muchos años de trabajo, ha logrado librarse de pecados, imperfecciones e incluso inclinaciones al mal. Es semejante a la tarea del que va arrancando maleza de un hermoso césped. Quieras o no, siempre queda alguna raíz muy arraigada, y al cabo de cierto tiempo vuelve la maleza a despuntar. La obra purificadora de Dios llega a las más profundas raíces del mal, que incluso la conciencia no percibe. Es una purificación tan profunda que parece arrancar trozos del ser humano, se trata de "los hábitos imperfectos que ha contraído toda la vida. Que, por estar ellos muy arraigados en la sustancia del alma, sobrepadece grave deshacimiento y tormento interior" (N II, 6, 5). Dios va privando de todo gusto a esos hábitos y haciéndolos insípidos. "Son afecciones y hábitos imperfectos que todavía, como raíces, han quedado en el espíritu, donde la purgación del sentido no pudo llegar" (N II, 2, 1). Según el Santo, antes de la total purificación los espirituales suelen tener "tantos hábitos de imperfecciones" como apegos al propio apetito. "Los cuales hábitos pueden ser como propiedad y oficio que tiene –el espiritual– de hablar cosas inútiles, y pensarlas y obrarlas" sin la debida ordenación a Dios (C 28, 7).

Hacia la unión

"Otros apetitos con que sirve al apetito ajeno, así como ostentaciones, cumplimientos, adulaciones, respetos, procurar parecer bien y dar gusto con sus cosas a las gentes, y otras cosas inútiles con que procura agradar a la gente empleando en ello el cuidado y apetito y obra, y finalmente el caudal del alma" (C 28, 7). Todo esto ha de purificarlo el alma antes del matrimonio espiritual o transformación total en Dios.

Otro ejemplo clásico, y tal vez más claro, es el del madero y del fuego. Ha sido muy usado entre los espirituales a través de la historia de la espiritualidad. Uno de los autores más importantes fue Hugo de San Víctor. San Juan de la Cruz lo propone como representación gráfica de toda la vida espiritual enlazando la *Noche oscura* y la *Llama*. En la *Noche* ofrece el aspecto purificativo, para en la *Llama* ofrecer la conversión e inflamación en amor mediante el fuego del amor divino. "El fuego material, en aplicándose al madero, lo primero que hace es comenzarle a secar, echándole la humedad fuera y haciéndole llorar el agua que en sí tiene; luego le va poniendo negro, oscuro y feo, y aun de mal olor, y, yéndole secando poco a poco, le va sacando a luz y echando afuera todos los accidentes feos y oscuros que tiene contrarios al fuego; y, finalmente, comenzándole a inflamar por de fuera y calentarle, viene a transformarle en sí y ponerle tan hermoso como el mismo fuego. En el cual término ya de parte del madero ninguna pasión hay ni acción propia, salva la gravedad y cantidad más espesa que la del fuego, porque las propiedades del fuego y acciones tiene en sí; porque está seco, y seca; está caliente, y calienta; está claro y esclarece; está ligero mucho más que antes, obrando el fuego en él estas propiedades y efectos" (N II, 10, 1). (En la *Llama* véase prólogo 3; 1, 3-4; 1, 19).

Este trabajo divino de purificación total y transformación del alma es una tarea de largos años (N II, 7, 4). Entre la noche del sentido y la del espíritu "suele pasar harto tiempo y años" (N II, 1,1). En unas personas dura más que en otras, según la fortaleza y ánimo de cada una. Y es que tan "altísima unión no puede caer en alma que no sea fortalecida con trabajos y tentaciones y purificada por tribulaciones, tinieblas y aprietos" (Ll 2, 25).

Ahora bien, tras largos años de purificación el alma llega a una transformación en Dios y se encuentra con vehemente pasión de amor divino. "Siéntese aquí el espíritu apasionado en amor mucho, porque esta inflamación espiritual hace pasión de amor" (N II, 11, 2; N II, 12, 3). E infunde Dios en el espíritu "amor y sabiduría, a cada cual según su capacidad y necesidad" (N II, 12, 2-3).

Aporta el Santo una serie de sabrosos efectos que Dios obra en el alma y que no hay palabras justas para nombrarlos, "una serenidad y sencillez tan delgada y deleitable al sentido del alma" (N II, 13, 1), dominio de la sensualidad (N II, 14, 3), paz, sosiego, quietud, pureza y disponibilidad para el matrimonio divino; "no se puede venir a esta unión sin gran pureza, y esta pureza no se alcanza sin gran desnudez de toda cosa criada y viva mortificación" (N II, 24, 2-3-4).

Así el Santo puede resumir y recapitular en un canto de amor que: "En acabándose de aniquilarse y sosegarse las potencias, pasiones, apetitos y afecciones de mi alma [...] mi entendimiento salió de sí, volviéndose de humano y natural en divino; porque, uniéndose por medio de esta purgación con Dios, ya no entiende por su vigor y luz natural, sino por la divina Sabiduría con que se unió. Y mi voluntad salió de sí, haciéndose divina, porque, unida con el divino amor, ya no ama bajamente con su fuerza natural, sino con fuerza y pureza del Espíritu Santo; y así la voluntad acerca de Dios no obra humanamente. Y, ni más ni menos, la memoria se ha trocado en aprensiones eternas de gloria. Y, finalmente, todas las fuerzas y afectos del alma, por medio de esta noche y purgación del viejo ser, todas se renuevan en temples y deleites divinos" (N II, 4, 2).

La pregunta que nos acosa es evidente: ¿Todo ser humano ha de superar una purificación como ésta, o solamente quienes ansían ver a Dios en la tierra, como los místicos? Este camino que una minoría de seres humanos –los místicos – ha caminado es una rareza para el resto de la humanidad. Pero su experiencia es de enorme importancia para nosotros. Y nos obliga a cuestionarnos: ¿Es necesaria esta purificación para vivir en la otra vida? Si así es, ¿cómo y cuándo se efectúa?

Por otra parte, todo el padecer que los humanos sufrimos en este valle de dolor, ¿no tendrá de por sí un valor purificador? ¿Será energía perdida todo el sufrimiento que agobia a la humanidad, o tendrá un valor redentor?

Una cosa es cierta, que –como dice el Santo – en nuestro ser notamos que hay raíces de ese mal que no logramos desechar aunque nos esforcemos. Raíces de rencor, de venganza, de egoísmo, de vanagloria, de poder. ¿Cómo erradicar todas esas raíces para que en el más allá el cielo pueda ser cielo? Pues una de las características del cielo, como dice Teresa de Ávila, es "ya no tener cuenta con cosa de la tierra." (*Camino de Perfección*, 30, 5). Tal vez Dios obre en todos nosotros una purificación semejante y milagrosa al concluir esta vida. Será al mismo tiempo un encuentro brutal con esa luz abrumadora divina, que al mismo tiempo nos colma de felicidad. Otra cuestión lógica, puesto que Dios no tiene acepción de personas y puede hacer lo que quiere, ¿quiere decir ello que nos coloca a todos en el mismo nivel de perfección, o en un nivel correspondiente al amor desplegado durante el peregrinar por esta vida?

No tenemos respuesta exacta a estos interrogantes, pero si algo aprendemos de los místicos es que la misericordia y el amor de Dios no tienen límites. Véase la parábola de los obreros de la viña según Mateo 20:1-16. Aquel que desde toda la eternidad nos ha llamado a la existencia sin duda alguna no lo habrá hecho para vernos sufrir, sino gozar de su infinita bondad y belleza.

La experiencia del Santo en este sentido es maravillosa y supera cualquier conjetura intelectual. Veamos en la cuarta parte las increíbles cosas que de Dios nos cuenta.

Recapitulación

- El desposorio místico es una unión de la voluntad con Dios y, aunque es paso necesario, no es todavía el matrimonio o unión total con Dios.
- Este estado transitorio causa fenómenos extraordinarios de placer: raptos, éxtasis, arrobamientos, vuelos del espíritu, el alma parece que abandona el cuerpo, riquezas inestimables, descanso, conocimiento de secretos divinos, sentimiento de poder en Dios, deleite del espíritu, verdadero sosiego y luz divina, llenura de bienes, confirmada en amor. También causa tormento: debilitaciones, detrimentos, flaquezas de estómago, descoyuntamiento de huesos. Sin la ayuda de Dios moriría el alma entre fatigas en el espíritu y ausencias del Amado.

- Se da una purificación definitiva mediante la "horrenda y espantable noche para el espíritu", necesaria para la unión con Dios.
- Esta noche del espíritu causa purgación e iluminación. El encuentro amoroso entre Dios y el alma tiene en ella efectos contradictorios: oscuridad e iluminación, dolor y gozo. El alma, al creerse abandonada de Dios, siente gemidos de muerte y dolores de infierno. Hay muerte y resurrección espiritual.

Cuarta Parte
El Cántico espiritual y la Llama de amor viva

El camino recorrido por el alma ha sido larguísimo, interminable; las sorpresas, tantas que no se pueden contar; la transformación personal, gradual, incesante. La situación del alma es ahora totalmente diferente, pues se encuentra en un estado de felicidad casi completa. Falta el último esfuerzo, y alcanzará el estado de *perfectos o vía unitiva*. Finalmente, como un regalo extra que nos ofrece el Santo, trataremos del amor *calificado o sustanciado* del que habla en el libro de la *Llama*. Esto es lo que vamos a ver ahora.

Capítulo Seis
Un cántico de amor

1. La obra

En la cárcel del convento toledano escribe las 31 primeras estrofas (1577-78). Allison Peers comenta: "Muchas obras famosas se han escrito en las cárceles, pero sería difícil encontrar una tan corta que supere a esta en su combinación de fervor religioso y belleza literaria". Eulogio Pacho lo corrobora de esta manera: "La obra cumbre del parnaso español fue alumbrada en una oscura cárcel. Igual suerte les ha cabido a las mejores páginas de la lengua castellana. En una cárcel nacen las poesías del Arcipreste de Hita, de fray Luís de León; en una cárcel también las páginas de Mateo Alemán, de Cervantes, de Quevedo...". Y Dámaso Alonso exclamaría: "¡Prodigio de la creación poética, sombra del hálito de la divinidad! ¿Qué ángeles de música y sueño impulsaban la mano que escribía?".

En la ciudad de Baeza escribe las estrofas 32-34 (33-35 en el poema completo: CB) (1580-81), que versan sobre la soledad interior. Y en Granada compone las 35-39 (36-40 en el poema completo: CB) (1582-84). He aquí el origen de estas cinco estrofas. Cierto día el Santo pregunta a una religiosa –Francisca de la Madre de Dios– en qué traía la oración; la religiosa contesta que en mirar la hermosura de Dios y holgarse de que la tuviese. El Místico poeta se alegró tanto de eso que compuso las estrofas finales del *Cántico* empezando por la que dice: *Gocémonos, Amado, y vámonos a ver en tu hermosura*...Posteriormente compuso la 11: *Descubre tu presencia*.

Todas las estrofas brotan en momentos de intensa vivencia mística, aunque estimuladas por circunstancias históricas externas, diversas en tiempo y contenido. De las primeras a las últimas se da un lapso de seis años.

Luego escribirá un comentario, conocido como CA, y finalmente el más completo y amplio, llamado CB, en 1582-84. Normalmente se sitúa este comentario después de escritas la *Subida*, la *Noche* y la primera redacción de la *Llama de amor viva*. En este trabajo nos referimos solamente al CB. El orden estrófico del *Cántico A* es más artístico, pero a la hora de comentarlo no correspondía al itinerario espiritual ascendente. Se dio cuenta, y tuvo que sacrificar el arte por la intención pastoral. Según los expertos, la redacción del primer comentario también es de mejor calidad literaria, mientras que doctrinalmente es mejor la segunda. No damos más detalles sobre este asunto, y seguimos siempre el *Cántico B*.

La narración comentario del *Cántico* sigue una manera dinámica de ascensión espiritual. En otras palabras, quiere ordenar las etapas espirituales lo más fielmente posible al desarrollo real; sin embargo, el dinamismo del poema no se lo permitirá siempre.

He aquí los escalones más importantes, siguiendo a Eulogio Pacho:

- *¿Adónde te escondiste* ... arranque desde una situación espiritual avanzada (canciones: 1 y parte de 2).
- *Buscando mis amores*... búsqueda afanosa del Amado (3-5).
- *¡Ay, quién podrá sanarme!*... ansias de amor impaciente (6-12).
- *¡Apártalos, Amado,*...primer encuentro con el Amado y desposorio espiritual (13-15).
- *Cazadnos las raposas*...visitas y ausencias del Amado, preparación para la unión transformante (16-21).
- *Entrado se ha la Esposa*...unión plena del matrimonio espiritual (22-27).
- *Mi alma se ha empleado*...mirada retrospectiva al camino andado (28-35).
- *Gocémonos, amado, y vámonos a ver en tu hermosura*...el alma suspira por la visión en gloria (36-40).

Las etapas espirituales – estados o vías – descritas en el poema se corresponderían de esta manera: hasta la estrofa 13 comprende a los principiantes o vía purgativa; de la 13 a la 21, aprovechados o vía iluminativa; de la 22 a la 40, perfectos o vía unitiva.

El poema completo

Esposa
1. ¿Adónde te escondiste,
Amado, y me dejaste con gemido?
Como el ciervo huiste,
habiéndome herido;
salí tras ti clamando, y eras ido.

2. Pastores, los que fuerdes
allá por las majadas al otero,
si por ventura vierdes
aquel que yo más quiero,
decidle que adolezco, peno y muero.

3. Buscando mis amores,
iré por esos montes y riberas;
ni cogeré las flores,
ni temeré las fieras,
y pasaré los fuertes y fronteras.

4. ¡Oh bosques y espesuras,
plantadas por la mano del Amado!
¡Oh prado de verduras,
de flores esmaltado!
Decid si por vosotros ha pasado.

5. Mil gracias derramando
pasó por estos sotos con presura,
y, yéndolos mirando,
con sola su figura,
vestidos los dejó de hermosura.

6. ¡Ay, quién podrá sanarme!
Acaba de entregarte ya de vero;
no quieras enviarme
de hoy más ya mensajero,
que no saben decirme lo que quiero.

7. Y todos cuantos vagan
de ti me van mil gracias refiriendo,
y todos más me llagan,
y déjame muriendo
un no sé qué que quedan balbuciendo.

8. Mas ¿cómo perseveras,
¡oh vida!, no viviendo donde vives,
y haciendo porque mueras
las flechas que recibes
de lo que del Amado en ti concibes?

9. ¿Por qué, pues has llagado
aqueste corazón, no le sanaste?
Y, pues me le has robado,
¿por qué así le dejaste,
y no tomas el robo que robaste?

11. Descubre tu presencia,
y máteme tu vista y hermosura;
mira que la dolencia
de amor, que no se cura
sino con la presencia y la figura.

12. ¡Oh cristalina fuente,
si en esos tus semblantes plateados
formases de repente
los ojos deseados
que tengo en mis entrañas dibujados!

13. ¡Apártalos, Amado,
que voy de vuelo!

Esposo
Vuélvete, paloma,
Que el ciervo vulnerado
Por el otero asoma
Al aire de tu vuelo, y fresco toma.

Esposa
14. Mi Amado, las montañas,
los valles solitarios nemorosos,
las ínsulas extrañas,
los ríos sonorosos,
el silbo de los aires amorosos,

15. la noche sosegada
en par de los levantes de la aurora,
la música callada,
la soledad sonora,
la cena que recrea y enamora.

16. Cazadnos las raposas,
que está ya florecida nuestra viña,
en tanto que de rosas
hacemos una piña,
y no parezca nadie en la montiña.

17. Detente, cierzo muerto;
ven, austro, que recuerdas los amores,
aspira por mi huerto,
y corran sus olores,
y pacerá el Amado entre las flores.

18. ¡Oh ninfas de Judea!
En tanto que en las flores y rosales
el ámbar perfumea,
mora en los arrabales,
y no queráis tocar nuestros umbrales.

19. Escóndete, Carillo,
y mira con tu haz a las montañas,

y no quieras decillo;
mas mira las compañas
de la que va por ínsulas extrañas.

Esposo
20. A las aves ligeras,
leones, ciervos, gamos saltadores,
montes, valles, riberas,
aguas, aires, ardores
y miedos de las noches veladores.

21. Por las amenas liras
y canto de sirenas os conjuro
que cesen vuestras iras,
y no toquéis al muro,
porque la Esposa duerma más seguro.

22. Entrado se ha la esposa
en el ameno huerto deseado,
y a su sabor reposa,
el cuello reclinado
sobre los dulces brazos del Amado.

23. Debajo del manzano,
allí conmigo fuiste desposada;
allí te di la mano
y fuiste reparada
donde tu madre fuera violada.

Esposa
24. Nuestro lecho florido,
de cuevas de leones enlazado,
en púrpura tendido,
de paz edificado,
de mil escudos de oro coronado.

25. A zaga de tu huella
las jóvenes discurren al camino,
al toque de centella,

al adobado vino,
emisiones de bálsamo divino.

26. En la interior bodega
de mi Amado bebí, y cuando salía
por toda aquesta vega,
ya cosa no sabía;
y el ganado perdí que antes seguía.

27. Allí me dio su pecho,
allí me enseñó ciencia muy sabrosa;
y yo le di de hecho
a mí, sin dejar cosa;
allí le prometí de ser su esposa.

28. Mi alma se ha empleado,
y todo mi caudal en su servicio;
ya no guardo ganado,
ni ya tengo otro oficio,
que ya sólo en amar es mi ejercicio.

29. Pues ya si en el ejido
de hoy más no fuere vista ni hallada,
diréis que me he perdido;
que, andando enamorada,
me hice perdidiza y fui ganada.

30. De flores y esmeraldas,
en las frescas mañanas escogidas,
haremos las guirnaldas
en tu amor florecidas
y en un cabello mío entretejidas.

31. En solo aquel cabello
que en mi cuello volar consideraste,
mirástele en mi cuello,
y en él preso quedaste,
y en uno de mis ojos te llagaste.

32. Cuando tú me mirabas
su gracia en mí tus ojos imprimían;
por eso me adamabas,
y en eso merecían
los míos adorar lo que en ti vían.

33. No quieras despreciarme,
que, si color moreno en mi hallaste,
ya bien puedes mirarme
después que me miraste,
que gracia y hermosura en mí dejaste.

Esposo
34. La blanca palomica
al arca con el ramo se ha tornado;
y ya la tortolica
al socio deseado
en las riberas verdes ha hallado.

35. En soledad vivía,
y en soledad ha puesto ya su nido,
y en soledad la guía
a solas su querido,
también en soledad de amor herido.

Esposa
36. Gocémonos, Amado,
y vámonos a ver en tu hermosura
al monte y al collado
do mana el agua pura;
entrémonos más adentro en la espesura.

37. Y luego a las subidas
cavernas de la piedra nos iremos,
que están bien escondidas,
y allí nos entraremos,
y el mosto de granadas gustaremos.

38. Allí me mostrarías
aquello que mi alma pretendía,
y luego me darías
allí, tú, ¡vida mía!
Aquello que me diste el otro día:

39. El aspirar del aire,
el canto de la dulce filomena,
el soto y su donaire,
en la noche serena,
con llama que consume y no da pena.

40. Que nadie lo miraba;
Aminadab tampoco parecía
y el cerco sosegaba
y la caballería
a vista de las aguas descendía.

El ser humano, ayudado con la gracia de Dios, decide superar su condición de pecador sirviéndose de medios ascéticos y espirituales, especialmente meditando en los misterios de la creación y salvación, y ejercitándose "en los trabajos y amarguras de la mortificación" (C 22, 3) para acomodar todo su ser al encuentro con el Amado y celebrar, como primer paso, el desposorio espiritual que conduce a la deseada consumación de amor por la "entrega de ambas partes por total posesión de la una a la otra" (C 22, 3). "Todo el deseo y fin del alma y de Dios en todas las obras de ella es la consumación y perfección de este estado, por lo cual nunca descansa el alma hasta llegar a él" (C 22, 5).

Hasta el presente, siguiendo al Santo hemos expuesto todo este camino, solamente nos falta considerar y admirar la meta final, el matrimonio o transformación total en Dios.

3. Matrimonio espiritual: unión transformante

Entrado se ha la esposa
en el ameno huerto deseado,
y a su sabor reposa,

el cuello reclinado
sobre los dulces brazos del Amado.

Esta es la estrofa 22, y con ella empieza el divino Poeta de Fontiveros a describir el sublime estado de unión perfecta ha que el alma ha llegado.

Conviene repetirlo, la unión con Dios es la meta final que persigue la didáctica de todos los libros del Santo. Los inicia mencionando ese objetivo hacia el cual uno debe encaminarse sin parar. En el *Cántico* lo va a exponer de una manera más explícita. Cristo ha sido el camino y la guía durante todo este peregrinar. Finalmente la unión con Dios se realiza definitivamente, a través de Cristo.

El alma ahora unida a Dios, en unión transformante, contempla toda la realidad desde una perspectiva distinta. Todo lo ve desde el ángulo divino. De ahí que pueda exclamar en explosión de gozo: "Míos son los cielos y mía es la tierra; mías son las gentes, los justos son míos y míos los pecadores; los ángeles son míos, y la Madre de Dios y todas las cosas son mías; y el mismo Dios es mío y para mí, porque Cristo es mío y todo para mí. Pues ¿qué pides y buscas, alma mía? Tuyo es todo esto, y todo es para ti. No te pongas en menos ni repares en meajas que se caen de la mesa de tu Padre" (*Dichos de luz y amor*, 27). El alma ahora goza de la misma perspectiva de Dios, todo lo ve y siente desde esa altísima mira divina.

San Juan de la Cruz, siguiendo una tradición milenaria, llama a este estado "matrimonio espiritual". Es una metáfora para designar las relaciones entre Dios y el alma. En el Antiguo Testamento sirve para indicar las relaciones entre Dios y su pueblo; en el Nuevo Testamento se refiere a las relaciones entre Cristo y la comunidad. En la historia de la mística, el uso del término arranca con Orígenes, para hacerse de aceptación común por casi todos los místicos posteriores. San Juan de la Cruz se inspira más directamente en el *Cantar de los Cantares* al que sigue con gran fidelidad.

Por fin, el alma ha llegado al culmen del proceso espiritual. Ésta ha sido su meta ansiada, el objetivo de toda su vida, la única razón de su vivir, "porque todo del deseo y fin del alma y de Dios en todas las obras de ella es la consumación y perfección de este estado, por lo cual nunca descansa el alma hasta llegar a él" (C 22,5).

La definición del matrimonio espiritual aparece en la estrofa 22: "Es una transformación total en el Amado, en que se entregan ambas las partes por total posesión de la una a la otra, con cierta consumación de unión de amor, en que está el alma hecha divina y Dios por participación, cuanto se puede en esta vida. Y así, pienso que este estado nunca acaece sin que esté el alma en él confirmada en gracia, porque se confirma la fe de ambas partes, confirmándose aquí la de Dios en el alma. De donde éste es el más alto estado a que en esta vida se puede llegar" (C 22, 3). Donde se dan tres elementos claros: "transformación total", "entrega mutua" y "consumación de amor". La entrega mutua del alma y Dios consume en amor al alma y la conduce a una transformación total en Dios.

Santa Teresa lo dice de esta manera: "No se puede decir más de que –a cuanto se puede entender– queda el alma, digo el espíritu de esta alma, hecha una cosa con Dios" (7 *Moradas* 2, 3).

Los místicos, sin embargo, no pueden decirnos "qué sea esa cosa de Dios", no encuentran palabras. Por eso han de recurrir a describirnos algo del estado en que se encuentran. Nos hablan de Dios y de la otra vida por los efectos que viven en sí mismos. Es un estado definitivamente muy superior al que vive el resto de los mortales. "Viviendo el alma aquí vida tan feliz y gloriosa, como es vida de Dios, considere cada uno, si pudiere, qué vida tan sabrosa será esta que vive" (C 22, 5). "Está como divina, endiosada" (C 27, 7).

Y continuará añadiendo expresiones para ver si entre todas ellas juntas podemos captar algo de lo que le ha sucedido al alma. Se trata, pues, de "una amorosa entrega de la Esposa y el Amado" (C 24,1), "entrega de ambas partes en espiritual desposorio" (C 27, 2), "junta espiritual con el Amado" (C 20, 2), "fuerte y estrecho abrazo de Dios" (C 20,1), "un estrecho abrazo espiritual, que verdaderamente es abrazo, por medio del cual abrazo vive el alma vida de Dios" (C 22, 5), "dulce abrazo…en el fondo de la sustancia del alma" (Ll 4, 14), "beso del alma a Dios" (C 22, 7), "amor recíproco en conformidad de una unión y entrega matrimonial" (Ll 3, 79). En otras palabras, los místicos se afanan por encontrar palabras, expresiones para decirnos lo que no cabe en términos humanos. De esta inefabilidad expresiva trataremos más adelante.

Terminada la purificación de las noches purgativas, el alma se encuentra en una situación totalmente nueva, la del matrimonio espiritual; es mucho mejor que el "desposorio espiritual" (C 22 y

26). "Pocas almas en esta vida llegan a este estado…Lo que Dios comunica al alma en esta estrecha junta, totalmente es indecible... porque es el mismo Dios el que se comunica con admirable gloria de transformación de ella en él, estando ambos en uno" (C 26, 4). Semejante a la bebida que "se difunde y derrama por todos los miembros y venas del cuerpo, así se difunde esta comunicación de Dios sustancialmente en todo el alma, o, por mejor decir, el alma se transforma en Dios, según la cual transformación debe el alma de Dios, según la sustancia de ella y según sus potencias espirituales" (C 26, 5). Dios le comunica constantemente sabiduría, secretos y le entrega su amor (C 27, 4; 23, 1; 24, 3). Otras expresiones para designarlo: "Feliz y alto estado" (C 24, 2), "puesto de perfección" y "bienaventurada unión de amor" (C 25, 1), "común y ordinaria asistencia de voluntad amorosa en Dios" (C 28, 10), "asistencia y continuo ejercicio de amor en Dios" (C 29, 1).

Finalmente, veamos este pasaje, algo largo, pero bellísimo en el que hace un resumen de varias estrofas del *Cántico* para describir todavía más detalladamente el estado en que se halla esta alma: "Acaecerá que vea el alma en sí flores de las montañas…, que son la abundancia, grandeza y hermosura de Dios; y en éstas entretejidos los lirios de los valles nemorosos, que son descanso, refrigerio y amparo; y luego allí entrepuestas las rosas olorosas de las ínsulas extrañas, que decíamos ser las extrañas noticias de Dios; y también embestirla el olor de las azucenas de los ríos sonorosos, que decíamos era la grandeza de Dios, que hinche toda el alma; y entretejido allí y enlazado el delicado olor de jazmín del silbo de los aires amorosos, de que también dijimos gozaba el alma en este estado; y ni más ni menos, todas las otras virtudes y dones que decíamos del conocimiento sosegado, y callada música, y soledad sonora, y la sabrosa y amorosa cena. Y es de tal manera el gozar y sentir estas flores juntas algunas veces el alma, que puede con harta verdad decir: *Nuestro lecho florido de cuevas de leones enlazado.* ¡Dichosa el alma que en esta vida mereciere gustar alguna vez el olor de estas flores divinas!" (C 24, 6). ¿Quién puede decir que este Santo no amaba la naturaleza y su hermosura? Pero es rotundo al afirmar que todo ello comparado con la hermosura de Dios es nada.

3. Vivir amando

El alma transformada en Dios es como un nuevo ser, más divino que humano: "toda la habilidad de mi alma y cuerpo, memoria, entendimiento y voluntad, sentidos interiores y exteriores y apetitos de la parte sensitiva y espiritual, todo se mueve por amor y en amor" (C 28, 8). "Ya no tiene otro estilo ni manera de trato, sino ejercicio de amor" (C 28,2). Llegada el alma a "esta cumbre de perfección y libertad de espíritu en Dios... ya no tiene otra cosa en qué entender ni otro ejercicio en qué se emplear sino en deleites y gozos de íntimo amor con el Esposo" (C 36, 1). El alma "perdida en todas las cosas y ganada en amor" no emplea ya su tiempo más que en amar. Su vida no es otra cosa que "asistencia y continuo ejercicio de amor en Dios" (C 29, 1), "la salud del alma es el amor de Dios" (C 11,11), "el corazón no se satisface con menos que Dios" (C 35,1). Todo el actuar de esta alma ahora sabe a perfección. El ejercicio de las virtudes que al principio era flaco e imperfecto, ahora es heroico y perfecto.

En este estado de vida gloriosa y feliz en que se encuentra el alma, "así como Dios no puede sentir algún sinsabor, ella tampoco le siente, mas goza y siente deleite de gloria de Dios en la sustancia del alma ya transformada en él" (C 22, 5).

Porque el alma entrada en este estado divino vive más vida eterna que temporal, "y de este bien del alma a veces redunda en el cuerpo la unción del Espíritu Santo, y goza toda la sustancia sensitiva, todos los miembros y huesos y médulas, no tan remisamente como comúnmente suele acaecer sino con sentimiento de grande deleite y gloria, que se siente hasta los últimos artejos de pies y manos" (Ll 2, 22). Ofrece aquí el Santo un detalle muy importante relacionado con los directores espirituales: les dice que adviertan que a esas alturas el Espíritu Santo es el principal agente y guía de las almas (Ll 3,46).

Y el fuego de amor que arde en el centro de esta alma "se siente difundir sutilmente por todas las espirituales y sustanciales venas del alma, según su potencia y fuerza. En lo cual siente ella convalecer y crecer tanto el ardor, y en ese ardor afinarse tanto el amor, que parecen en ella mares de fuego amoroso que llega a lo alto y bajo de las máquinas, llenándolo todo de amor. En lo cual parece al alma que todo el universo es un mar de amor en que ella está engolfada, no echando de ver término ni fin donde se acabe ese amor, sintiendo en sí el vivo punto y el centro del amor" (Ll 2, 10).

Por ello, esta alma ya no puede captar el mal. De nuevo nos sorprende el Santo con esta revelación asombrosa. El alma en este estado "está tan inocente, que no entiende el mal ni cosa juzga a mal; y oirá cosas muy malas y las verá con sus ojos, y no podrá entender que lo son, porque no tiene en sí hábito de mal por donde lo juzgar, habiéndole Dios raído los hábitos imperfectos y la ignorancia, en que cae el mal de pecado, con el hábito perfecto de la verdadera sabiduría" (C 26,14). De donde podríamos reflexionar si Dios, en su infinito amor, no tendrá en cuenta los errores (llamados pecados) en que caemos los humanos. Ese infinito e inmenso mar de amor que es Dios supera con creces cualquier maldad que los humanos podamos cometer. También explica cómo al entrar en la otra vida, automáticamente se borrarán en nuestra alma todos los restos de malicia o maldad que en ella pudieran persistir. Allá no podremos conservar odio o venganza hacia ningún otro ser. En todo esto se manifiesta la misericordia de Dios que carece de límites.

El alma que se encuentra en esta cumbre de amor recibe "extraños primores" (Ll 3, 77-83), "visos y vislumbres de gloria" (Ll 3, 11), cauterios, llagas y heridas de amor, transverberaciones (S. Teresa *Vida* 22, 13-14) y estigmatizaciones (Ll 2, 13). Tales repercusiones somáticas ahora no producen efectos dolorosos, como lo hacían antes. Dios no hace ordinariamente "ninguna merced al cuerpo que primero y principalmente no la haga al alma" (Ll 2, 13).

Son pocas las almas que reciben estas gracias: "normalmente las de aquellos cuya virtud y espíritu se había de difundir en la sucesión de sus hijos", mayor o menor "según la sucesión que habían de tener en su doctrina y espíritu" (Ll 2, 12). Por otra parte, no es que Dios no quiera colocar a todos en semejante estado de perfección "sino que halla pocos que sufran tan alta y subida obra" de purificación (Ll 2, 27). Se trata, como hemos visto, de purificar y dominar toda la sensualidad y someterla al espíritu (C 15, 30; 18, 3). La invitación a vivir esa vida divina aquí en la tierra es universal para todos lo seres humanos.

Sin embargo, creemos que hay algo más. En la inmensa mayoría de los casos, estas lumbreras místicas, según su propia confesión, han sido tocadas en algún momento de sus vidas por un rayo divino, que de tal manera les ha herido en el fondo del alma que no han podido dejar de iniciar el camino hacia un encuentro amoroso con Dios aquí en la tierra. Una vez así tocadas, "todo el deseo y fin del alma y de Dios en todas las obras de ella es la consumación y perfección de este estado, por lo cual nunca descansa el alma hasta llegar a él" (C 22,5). Se nota en ellas como un determinismo que las impulsa a llegar a ese estado sublime. Luego, el testimonio de sus vidas nos servirá de iluminación al resto de los humanos. Nos corrobora que Dios existe; que es posible un contacto íntimo con él aquí en la tierra; que los efectos que ese contacto produce en el alma son sublimes y saben a vida eterna. Por lo tanto, es verdad que la invitación a ser transformados en Dios está a disposición de todos, pero se da también cierta selección por parte de Dios, según sus designios.

4. Morir de amor

Oye, mi Dios, lo que digo:
que esta vida no la quiero,
que muero porque no muero (*Coplas* 5, 2).

Tantas son las gracias y subidísimas comunicaciones que recibe el alma que sólo ansía morir para encontrarse con el Amado; así por ejemplo, los toques divinos de amor. "Este morir de amor se causa en el alma mediante un toque de noticia suma de la Divinidad, que es el *no sé qué* que dice esta canción, *que quedan balbuciendo*. El cual toque no es continuo, ni mucho, porque se desataría el alma del cuerpo, mas pasa en breve; y así queda muriendo de amor, y más muere viendo que no se acaba de morir de amor" (C 7,4). Este no morir se convierte para el alma en un pequeño martirio, porque "sólo le queda una cosa que desear, que es gozarle perfectamente en la vida eterna" (C 36, 2). El alma se viste de esperanza eterna "esta vestidura de esperanza viva en Dios da al alma una tal viveza y animosidad a las cosas de la vida eterna, que, en comparación de lo que allí espera, todo lo del mundo le parece, como es a la verdad, seco, y lacio, y muerto, y de ningún valor. Y aquí se despoja y desnuda de todas estas vestiduras y traje del mundo, no poniendo su corazón en nada, ni esperando nada de lo que hay o ha de haber en él, viviendo solamente vestida de esperanza de vida eterna" (N II, 21, 6). Así, "sintiendo el alma en Dios infinita gana"(Ll 1, 35), le increpa: "rompe la tela delgada de esta vida y no la dejes llegar a que la edad y años naturalmente la corten, para que te pueda amar desde luego con la plenitud y hartura que desea mi alma sin término ni fin", "no sufre dilaciones", "es condición de Dios llevar antes de tiempo consigo las almas que mucho ama" (Ll 1, 34 y 36).

"El morir natural de las almas que llegan a este estado, aunque la condición de su muerte, en cuanto el natural, es semejante a las demás, pero en la causa y en el modo de la muerte hay mucha diferencia. Porque, si las otras mueren muerte causada por enfermedad o por longura de días, éstas, aunque en enfermedad mueran o en cumplimiento de edad, no las arranca el alma sino algún ímpetu y encuentro de amor mucho más subido que los pasados y más poderoso y valeroso, pues pudo romper la tela y llevarse la joya del alma. Y así, la muerte de semejantes almas es muy suave y muy dulce, más que fue la vida espiritual de toda su vida; pues que mueren con más subidos ímpetus y encuentros sabrosos de amor"(Ll 1, 30).

Así la muerte se convierte para estas almas en algo muy deseado y esperado, lo dice el Santo, "no le puede ser al alma que ama amarga la muerte, pues en ella halla todas sus dulzuras y deleites de amor. No le puede ser triste su memoria, pues en ella halla junta la alegría. Ni le puede ser pesada y penosa, pues es el remate de todas sus pesadumbres y penas, y principio de todo su bien. Tiénela por amiga y esposa, y con su memoria se goza como en el día de su desposorio y bodas, más desea aquel día y aquella hora en que ha de venir su muerte que los reyes de la tierra desearon los reinos y principados" (C 11,10). Por eso, el alma que ama y que ha llegado a este estado sublime no teme la muerte, antes bien clama sin cesar a Dios "máteme tu vista y hermosura" (C 11,10) para que "nos veamos entrambos en tu hermosura, teniendo (yo) ya tu misma hermosura" (C 36,5). Como no es posible gozar de Dios aquí como lo será en la otra vida, de ahí que el alma "siente en Dios infinita gana" de morir (C 1,35) y le pide que "rompa la tela de este dulce encuentro" (Ll 31) y "máteme tu vista y hermosura" (C 11,10), esa es la única solución para descubrir definitivamente el misterio profundo de Dios.

Algunos han declarado a san Juan de la Cruz como el "doctor de las nadas". Nos da la impresión de que esos tales no han llegado a descubrir los maravillosos secretos que del amor de Dios nos descubre este Santo en el Cántico espiritual y en la Llama de amor viva, porque de haberlo hecho, con toda justicia le hubieran proclamado "doctor del Amor divino".

Recapitulación

- El *Cántico espiritual* es la obra cumbre del parnaso español.
- El matrimonio espiritual, o unión transformante en Dios, es la cumbre de la perfección en esta vida. El alma está situada en Dios y todo lo ve desde él.
- Vive amando. Todas las operaciones de esta alma se mueven por amor porque el motor de todas ellas es Dios. Todo el cuerpo goza y siente placer divino. Todo el universo es un mar de amor. Toda la creación es producto del amor divino.
- Estas almas no pueden captar el mal. El mal lo originamos al separarnos de Dios, como la oscuridad aumenta al distanciarnos de la luz.
- La invitación a la perfección, es decir, a unirnos con Dios en esta vida es universal, pero se da cierta selección divina.
- Quien ha gustado profundamente del amor de Dios ya no quiere vivir en este planeta. Tal vez sea éste otro factor que explique por qué pocos remontan la cumbre de la perfección. Nadie querría vivir aquí. Por ello, es conveniente que vivamos de fe.

Capítulo Siete
La Llama de amor viva

1. *El poema*

1.   ¡Oh llama de amor viva,
que tiernamente hieres
de mi alma en el más profundo centro!
Pues ya no eres esquiva,
acaba ya, si quieres;
¡rompe la tela de este dulce encuentro!

2.   ¡Oh cauterio suave!
¡Oh regalada llaga!
¡Oh mano blanda! ¡Oh toque delicado,
que a vida eterna sabe,
y toda deuda paga!
Matando, muerte en vida la has trocado.

3.   ¡Oh lámparas de fuego,
en cuyos resplandores
las profundas cavernas del sentido,
que estaba oscuro y ciego,
con extraños primores
calor y luz dan junto a su Querido!

4. ¡Cuán manso y amoroso
recuerdas en mi seno,
donde secretamente solo moras,
y en tu aspirar sabroso,
de bien y gloria lleno,
cuán delicadamente me enamoras!

2. La obra

La *Llama de amor* viva es un poema bellísimo en cuatro estrofas, compuesto en Granada "para doña Ana de Peñalosa" –dirigida del Santo y benefactora de la Orden – entre los años 1582-1584 (fecha difícil de precisar). Esta buena señora, oriunda de Segovia, se había trasladado a Granada para ayudar en la fundación de un convento de monjas. En el epígrafe de la obra se lee: "Declaración de las canciones que tratan de la muy íntima y calificada unión y transformación del alma en Dios, por el mismo que las compuso, a petición de doña Ana de Peñalosa". No se sabe de cierto si la señora también pidió el comentario a las estrofas.

Escribe el comentario en quince días en el convento de Los Mártires, Granada, en 1586, en medio de "hartas ocupaciones". Por su cargo de superior casi todos los meses de ese año tiene que realizar algún viaje. Debido, tal vez, a la prisa con que escribe, se ve obligado a revisar su primer escrito. Por ello existen dos redacciones, la segunda, *Llama* B, es la más completa, y la que seguimos en este trabajo. Es la última obra que escribe.

La *Llama* se puede decir que es una continuación del Cántico espiritual no solamente en orden cronológico sino sobre todo en el contenido espiritual. Enlaza con las últimas cinco canciones de ese poema que tratan del estado de unión transformante. En concreto parece ser una continuación al último verso de la penúltima estrofa del *Cántico: Con llama que consume y no da pena.* He aquí esta profunda declaración: "Esta llama de amor es el espíritu de su Esposo, que es el Espíritu Santo, al cual siente ya el alma en sí, no sólo como fuego que la tiene consumida y transformada en suave amor, sino como fuego que, además de eso, arde en ella y echa llama, como dije [se refiere al ejemplo del madero inflamado en fuego]; y aquella llama, cada vez que llamea, baña al alma en gloria y la refresca en temple de vida divina" (Ll 1,3).

El alma ha llegado a la cumbre; aunque a veces el Santo – por razones pedagógicas – haga referencia en esta obra a períodos anteriores, a principiantes, y a la contemplación, es sólo a modo de recapitulación, y no de meta a conseguir. La meta se ha logrado ya; aquí todo es gozar vida divina. ¿Cuál es entonces el objetivo de esta obra? Lo dice en el prólogo: "aunque en las canciones que arriba declaramos [en el *Cántico*], hablamos del más perfecto grado de perfección a que en esta vida se puede llegar, que es la transformación en Dios, todavía estas canciones tratan del *amor* ya más *calificado y perfeccionado* en ese mismo estado de transformación. Porque, aunque es verdad que lo que éstas y aquéllas dicen todo es un estado de transformación, y no se puede pasar de allí en cuanto tal, pero puede *con el tiempo y ejercicio calificarse,* como digo, y *sustanciarse mucho más el amor*" (Ll pról. 3). Es claro, no hay otro estado superior al que se pueda ascender. "No se puede pasar de allí, solamente se puede calificar y sustanciar el amor". Se da pues, una situación permanente de perfección y un dinamismo cualitativo de crecimiento.

3. Realidad inefable e increíble

José Ortega y Gasset, en la quinta lección de su obra *¿Qué es la filosofía?,* se deja llevar del más fino sarcasmo para rechazar la experiencia de los místicos. Se queja de que estos descubridores de lo divino retornen de su hallazgo y no nos digan nada en concreto: "Pues ¡sabe usted que no puede contarle nada o poco menos, porque lo que he visto es en sí mismo incontable, indecible, inefable!" Así, se ríe nuestro gran filósofo. Y luego afirma, "dudo mucho que el enriquecimiento de nuestras ideas sobre lo divino venga por los caminos subterráneos de la mística y no por las vías luminosas del pensamiento discursivo". Con no menos ironía aconsejaba ya en el siglo V el Pseudo-Dionisio en su obra *Mystica Theología* no tratar de esto con los ignorantes que creen que con el esfuerzo de su propia inteligencia pueden tener conocimiento de aquel que ha decidido habitar en las tinieblas. Y el autor inglés de la famosa obra la *Nube del no saber* del siglo XIV afirma lo mismo: "Dios puede ser amado, pero no pensado"; es decir, no podemos llegar a Dios como es en sí mismo con el pensamiento, pero sí podemos amarlo. San Juan de la Cruz repetirá machaconamente en el segundo libro de la *Subida* que no es el entendimiento sino la fe, el medio próximo para subir a la unión de Dios. "Se ha de apartar el entendimiento de sí mismo y de su inteligencia para llegarse a Dios" (Ll 3,48).

Según esto vemos que "las vías luminosas del pensamiento discursivo" al tratarse de Dios en sí mismo no conducen muy lejos. El motivo es "porque Dios, a quien va el entendimiento, excede al mismo entendimiento" (Ll 3,48). "Es imposible que el entendimiento pueda dar en Dios por medio de las criaturas" (S II, 8,3). Algunos escritores medievales mantienen que los conceptos pueden llegar a Dios como se ha manifestado en la creación (las famosas pruebas de su existencia); pero el amor puede llegar a Dios como es en sí mismo.

En este punto Ortega se nos quedó muy corto. ¿Cómo podrían los místicos decirnos qué es Dios en sí mismo?, equivaldría a reducir a concepto al que no cabe en concepto; sería limitar al que carece de límites. La experiencia que los místicos tienen de Dios no cabe en conceptos. Por ello se esfuerzan por manifestarnos sus vivencias mediante los efectos que experimentan en su propio ser. El que no puedan expresar lo que viven no significa que no sea real. Todo lo contrario. Incluso en esta vida terrenal tenemos vivencias difíciles de transmitir a quien no pase por ellas. Y son reales. San Juan de la Cruz lo confiesa de esta manera: "Esto creo no lo acabará bien de entender el que no lo hubiera experimentado; pero el alma que lo experimenta, como ve que se le queda por entender aquello de que altamente siente, llámalo *un no sé qué*; porque así como no se entiende, así tampoco se sabe decir, aunque, como he dicho, se sabe sentir" (C 7,10). Testimonio semejante se puede encontrar en todos los místicos. Uno de los que destaca con más claridad e insistencia es santa Teresa. Alegar que los místicos no nos dicen *nada* de Dios, equivale a negar lo evidente.

No podemos decir que la persona ofuscada por la excesiva luminosidad del sol esté ciega. Es precisamente la abundancia de luz la que no le permite ver. Eso mismo sucede a los místicos. No pueden transmitir con claridad lo que viven, sienten y experimentan, pero se esfuerzan por decirnos algo. Y lo que nos dicen es extraordinario. Como diría el Santo en la *Copla 4*:

Entréme donde no supe,
y quedéme no sabiendo,
toda ciencia trascendiendo
(...)
Era cosa tan secreta,
que me quedé balbuciendo,
toda ciencia trascendiendo.

Solamente pueden los místicos *balbucir*, "que es el hablar de los niños" (C 7,10). La experiencia divina es de una calidad tan subida que trasciende toda otra experiencia humana, y solamente por sus efectos, y a través de innumerables comparaciones, logran estos pioneros de lo divino decirnos algo. El repetido esfuerzo que hacen por transmitirnos migajas de sus experiencias ya es en sí más que loable. Nos estimulan a pensar, a conjeturar y, en otras palabras, a tener fe en un más allá. Veamos lo que sobre este aspecto nos dice el Santo carmelita. Sólo algunas referencias.

"Sería ignorancia pensar que los dichos de amor en inteligencia mística, cuales son los de las presentes canciones, con alguna manera de palabras se puedan bien explicar...Porque ¿quién podrá escribir lo que a las almas amorosas, donde él mora, hace entender? Y ¿quién podrá manifestar con palabra lo que las hace sentir? Y ¿quién, finalmente, lo que las hace desear? Cierto, nadie lo puede" (C pról 1). Por eso, los místicos usan imágenes, metáforas, semejanzas, las cuales "no leídas con la sencillez del espíritu de amor e inteligencia que ellas llevan, antes parecen dislates que dichos puestos en razón" (C pról. 1). "Por haberse, pues, estas canciones compuesto en amor de abundante inteligencia mística, no se podrán declarar al justo, ni mi intento será tal, sino sólo dar alguna luz general" (C pról. 2). Reconoce el Santo que no hay palabras para describir: "La transformación del alma en Dios es indecible" (Ll 3,8). Un toque divino y delicadísimo es la "aspiración del Espíritu Santo en el alma, con que Dios la transforma en sí, le es a ella de tan subido y delicado y profundo deleite, que no hay decirlo por lengua mortal, ni el entendimiento humano en cuanto tal puede alcanzar algo de ello" (C 39,3*).

Cuando san Juan de la Cruz, con esfuerzo gigantesco, decide describir las más altas experiencias místicas en el libro de la *Llama de amor viva*, no sólo no encuentra palabras adecuadas para hacerlo, mas teme que el lector no crea lo que nos está contando. "Y porque las cosas raras y de que hay poca experiencia son más maravillosas y menos creíbles...no dudo sino que algunas personas, no lo entendiendo por ciencia ni sabiéndolo por experiencia, o *no lo creerán, o lo tendrán por demasía,* o pensarán que no es tanto como ello es en sí" (Ll 1,15).

Lo más curioso es que esa incredulidad afecta no sólo a los no iniciados en los caminos del espíritu sino a los mismos maestros espirituales que no han alcanzado esta empinada cumbre. "No saben éstos [los directores espirituales] qué cosa es espíritu: hacen a Dios grande injuria y desacato metiendo su tosca mano donde Dios obra" (Ll 3,54). "Pero a todos estos yo respondo, que el Padre de las lumbres, cuya mano no es abreviada y con abundancia se difunde sin aceptación de personas do quiera que halla lugar...no duda ni tiene a poco tener sus deleites con los hijos de los hombres..." (Ll 1,15). Y "no hay que maravillar que haga Dios tan altas y extrañas mercedes a las almas que él da en regalar; porque si consideramos que es Dios, y que se las hace como Dios, y con infinito amor y bondad, no nos parecerá fuera de razón" (Ll pról 2). En otras palabras, para Dios no hay nada imposible, y puede obrar maravillas allí donde él quiera.

Y comentando el verso: *que a vida eterna sabe!* Nos confiesa que los toques de amor que Dios hace en la sustancia del alma son intrínsecamente indecibles. Aconseja, entre resignación y real aceptación, que las almas que gozan de tales experiencias lo mejor que podrán hacer es "entenderlo para sí y sentirlo para sí, y callarlo y gozarlo" (Ll 2, 21). Porque los demás no lo querrán creer o se reirán de ello.

Finalmente, el Místico de los místicos manifestará su impotencia ante el la profunda vivencia divina y exclamará al final de la *Llama* y comentando el verso: *¡Y en tu aspirar sabroso..!* "En la cual aspiración, llena de bien y gloria y delicado amor de Dios para el alma, yo no querría hablar, ni aun quiero; porque veo claro que no lo tengo de saber decir, y parecería que ello es menos si lo dijese" (Ll 4,17) Y deja la obra inconclusa. Pero es sin duda, el "más gigantesco, generoso, genial empeño" por transmitirnos algo, como diría Dámaso Alonso.

En verdad son contados los mortales que han llegado a esta cumbre de perfección espiritual. Quienes la han conquistado no encuentran palabras para describirla porque se trata del "más perfecto grado de perfección a que en esta vida se puede llegar, que es la transformación en Dios" (Ll pról. 3). Expresión asombrosa por lo que afirma y por su contenido. Efectivamente, ¿cómo puede un alma ser transformada en Dios? ¿Qué es Dios? Sin embargo, el Santo es rotundo, y repite la misma frase con frecuencia a lo largo de sus obras.

Más aún, como acabamos de ver, en el prólogo de la *Llama* afirma que "no se puede pasar de allí en cuanto tal", pero sí es posible, con el tiempo y ejercicio *"calificarse y sustanciarse* mucho más el amor".

4. Amor calificado y trinitario

El grado más alto de perfección a que esta vida se pueda llega queda ya descrito en el *Cántico espiritual*. En esa sección, al tratar del matrimonio espiritual y de la unión transformante tuvimos la oportunidad de admirar las vivencias tan increíbles descritas por el Santo. Pocas almas han llegado a tan alta cumbre. Sin embargo, vemos a nuestro humilde fraile carmelita que no sólo la ha remontado sino que se esfuerza por decirnos algo más de ella. Algo que nadie ha podido expresar. Ese es el verdadero objetivo de la *Llama*: la calificación y sustanciación del amor.

En la declaración de la primera canción sienta las bases para toda la obra con estas palabras: "Sintiéndose ya el alma toda inflamada en la divina unión, y ya su paladar todo bañado en gloria y amor, y que hasta lo íntimo de su sustancia está revertiendo no menos que ríos de gloria, abundando en deleites,…parécele que, pues con tanta fuerza está transformada en Dios y tan altamente de él poseída, y con tan ricas riquezas de dones y virtudes arreada, que está tan cerca de la bienaventuranza, que no la divide sino una leve tela" (Ll 1,1). Es este sin duda un lenguaje sublime, tanto más maravilloso cuanto todo lo que afirma no son metáforas sino auténtica realidad que se queda corta de la verdadera, como tantas veces confirma el mismo Santo.

Este amor calificado es obra del Espíritu Santo. La llama de amor viva es el mismo Espíritu Santo que arde en ella y la embiste y la llamea:

-"la está como glorificando con suave y fuerte gloria" (Ll 1,1).

-"le parece que le va a dar la vida eterna" (Ll 1,1).
-"y que va a romper la tela de la vida mortal" (Ll 1,1).
-"siente que arde en ella y echa llama"(Ll 1,1).
-"baña al alma en gloria y la refresca en temple de vida divina" (Ll 1,3).
-"los actos que hace (el alma) interiores es llamear, que son inflamaciones de amor, en que unida la voluntad del alma, ama subidísimamente, hecha un amor con aquella llama"(Ll 1,3).
-"la hiere con ternura de vida de Dios; y tanto y tan entrañablemente la hiere y enternece que la derrite en amor" (Ll 1,7).
-"estos actos de amor del alma son preciosísimos, y merece más en uno y vale más que cuanto había hecho en toda su vida sin esta transformación, por más que ello fuese" (Ll 1,3).

Del alma que se encuentra transformada en Dios se puede decir que "su ordinario hábito es como el madero que siempre está embestido en fuego...Y así, en este estado no puede el alma hacer actos, que el Espíritu Santo los hace todos y la mueve a ellos; y por eso, todos los actos de ella son divinos, pues es hecha y movida por Dios. De donde al alma le parece que cada vez que llamea en esta alma, haciéndola amar con sabor y temple divino, la está dando vida eterna pues la levanta a operación de Dios en Dios" (Ll 1,4). De nuevo, aquí el Santo nos está comunicando secretos que nadie podría adivinar si no hubiera pasado por esa vivencia.

"Estando esta alma tan cerca de Dios, que está transformada en llama de amor, en que se le comunica el Padre e Hijo y Espíritu Santo, ¿qué increíble cosa se dice que guste un rastro de vida eterna, aunque no perfectamente, porque no lo lleva la condición de esta vida? Mas es tan subido el deleite que aquel llamear del Espíritu Santo hace en ella, que la hace saber a qué sabe la vida eterna" (Ll 1,6).

El ser humano, que se pasa toda la vida buscando a Dios por doquier y no lo encuentra, si tuviera la dicha de andar el camino de los místicos descubriría que "el más profundo centro" (Ll 1,9) del alma "es Dios" (Ll 1,12), centro de gravitación hacia el cual todas las almas gravitan. En ese centro del alma que es Dios se celebra la "fiesta del Espíritu Santo" (Ll1, 9). En ese centro todo el obrar es de Dios y así el "negocio del alma es ya sólo recibir de Dios,... así, todos los movimientos de la tal alma son divinos; y aunque son suyos, de ella lo son, porque los hace Dios en ella con ella, que da su voluntad y consentimiento" (Ll 1,9). El alma consiente alegre y gozosa el actuar y obrar de Dios en ella. Ahora todo es placer divino.

5. Amor sublime

El amor que experimenta aquí el alma es más divino que humano, la capacidad y límites de la persona humana se han divinizado y sublimemente aumentado.

Al comentar la tercera canción ya nos advierte el Santo que al que no tenga experiencia, "quizá le será algo oscura..., como también, si la tuviese, por ventura le sería clara y gustosa" (Ll 3,1).

Que a vida eterna sabe! Todo el vivir del alma a estas alturas *a vida eterna sabe*...porque el toque que hace Dios en este estado alto de perfección es "de sustancia de Dios en sustancia del alma, al cual en esta vida han llegado muchos santos. De donde la delicadez del deleite que en este toque se siente es imposible decirse;...y así gusta el alma aquí de todas las cosas de Dios, comunicándosele fortaleza, sabiduría y amor, hermosura, gracia y bondad, etc. Que, como Dios sea todas estas cosas, gústalas el alma en un solo toque de Dios, y así el alma según su potencia y su sustancia goza" (Ll 2,21). Dios que habita en la sustancia del alma le hace partícipe de la mismísima naturaleza divina y atributos.

A modo de inciso aclaramos que en esta estrofa nos dice el autor "muchos santos" han llegado en esta vida a ese estado alto de perfección. Esto pudiera parecer una contradicción con otros pasajes donde se nos dice que pocos han logrado la alta cumbre. En este, como en todos los estados del camino de perfección, se dan grados. Veamos lo que nos dice en la estrofa 26 del *Cántico espiritual*. Comenta los versos: *En la interior bodega de mi amado bebí...* "Es de saber que muchas almas llegan y entran en las primeras bodegas [de amor], cada una según la perfección de amor que tiene; mas a esta última y más interior pocas llegan en esta vida, porque en ella es ya hecha la unión perfecta con Dios" (C 26,4).

Decíamos que el alma goza aquí fortaleza, sabiduría, etc. Y es que las *lámparas de fuego*, –que luego dirá – simbolizan los mismísimos atributos divinos de omnipotencia, bondad, belleza, misericordia, justicia, etc. "Y como cada una de estas cosas sea el mismo ser de

Dios en un solo supuesto suyo, que es el Padre y el Hijo y el Espíritu Santo, siendo cada atributo de éstos el mismo Dios y siendo Dios infinita luz e infinito fuego divino...de aquí es que en cada uno de estos innumerables atributos luzca y dé calor como Dios, y así cada uno de estos atributos es una lámpara que luce al alma y da calor de amor" (Ll 3,2). Hay un atributo que se atreve a desglosar de una manera más detallada. Se trata de belleza o hermosura de Dios.

La palabra "hermosura" aparece con mucha frecuencia en los escritos de san Juan de la Cruz; en el poema del *Cántico espiritual* la repite cuatro veces, y todo el cántico es un poema de amor a la hermosura de Dios. Es al fin y al cabo la hermosura de Dios, difundida por toda la creación, uno de los mayores atractivos que todo ser humano siente y por el que anda rastreándose en la búsqueda de Dios. La figura divina ha impregnado de belleza toda la creación y a los seres que en ella se encuentran, *vestidos los dejó de hermosura* (C 5), la belleza divina es tan poderosa que el alma puede cantar: *máteme tu vista y hermosura* (C 11) y a quien Dios toca interiormente puede asegurar que gracia y hermosura en mí dejaste (C 33) y el alma que logra definitivamente la unión con Dios puede exclamar: y *vámonos a ver en tu hermosura* (C 36).

Así comenta *máteme tu vista y hermosura* "pues sabe que en aquel mismo punto que la viese, sería ella arrebatada a la misma hermosura, y absorta en la misma hermosura, y transformada en la misma hermosura, y ser ella hermosa como la misma hermosura, y abastada y enriquecida como la misma hermosura" (C 11, 10).

Como quiera que cada uno de esos atributos sea el mismo Dios, y el alma transformada en Dios participe de ellos, de todos ellos se podría decir lo mismo que de la hermosura de Dios y el alma nos canta el Santo. Es el "ejercicio de amor" profundo que entre Dios y alma existe el que hace posible que:

de tal manera esté yo transformada en tu hermosura,

que, siendo semejante en hermosura,

nos veamos entrambos en tu hermosura,

teniendo ya tu misma hermosura;

de manera que, mirando el uno al otro, vea cada uno en el otro su hermosura,

siendo la una y la del otro tu hermosura sola,

absorta yo en tu hermosura;

La Llama de amor viva

y así te veré yo a ti en tu hermosura,
y tú a mí en tu hermosura,
y yo me veré en ti en tu hermosura,
y tú te verás en mí en tu hermosura;
y así, parezca yo tú en tu hermosura,
y parezcas tú yo en tu hermosura,
y mi hermosura sea tu hermosura
y tu hermosura mi hermosura;
y así, seré yo tú en tu hermosura,
y serás tú yo en tu hermosura,
porque tu misma hermosura será mi hermosura;
y así, nos veremos el uno al otro en tu hermosura" (C 36,5).

El alma unida a Dios por amor transformante está gustando y sintiendo los mismos atributos divinos. "Y, por cuanto en un solo acto de esta unión recibe el alma las noticias de estos atributos, juntamente le es al alma el mismo Dios muchas lámparas, que distintamente le lucen y dan calor, pues cada una tiene distinta noticia y de ella es inflamada de amor. [...] El resplandecer que le da esta lámpara del ser de Dios en cuanto es omnipotente, le da luz y calor de amor de Dios en cuanto es omnipotente, y según esto, ya Dios le es al alma lámpara de omnipotencia...Y el resplandor que le da [al alma] esta lámpara según el ser de Dios, en cuanto es sabiduría, le hace luz y calor de amor de Dios en cuanto es sabio..." Así de todos los demás atributos (Ll 3,3). La enseñanza de esta doctrina es sumamente audaz incluso afirmada por alguien que lo ha vivido en propia experiencia.

Y audaz con creces es el titubeo que siente al afirmar si el alma puede gozar o no ya aquí toques de vida eterna: "Aunque el alma llegue en esta vida mortal a tan alto estado de perfección como aquí va hablando, no llega ni puede llegar a estado perfecto de gloria; aunque por ventura por *vía de paso* [énfasis mío] acaezca hacerle Dios alguna merced semejante; pero dícelo para dar a entender la copiosidad y abundancia de deleite y gloria que en esta manera de comunicación en el Espíritu Santo siente...Aunque, por ventura, el hábito de la caridad puede el alma tener en esta vida *tan perfecto como en la otra* [énfasis mío], mas no la operación ni el fruto; aunque el fruto y la operación de amor crecen tanto de punto en este estado, que es muy semejante al de la otra" (Ll 1,14). ¿Cómo podrá el Santo realizar tan osada afirmación? ¿De dónde sabe él cómo es la otra vida? Lo cual nos viene a confirmar que la "copiosidad y abundancia de deleite" (Ll 3, 14) que vive el Santo ha de ser tal que sin duda alguna ya no es de esta vida…

"En el sabor de vida eterna, que aquí gusta el alma, siente retribución de los trabajos que ha pasado para venir a este estado…De manera que no hubo tribulación, ni tentación, ni penitencia, ni otro cualquier trabajo que haya pasado, a que no corresponda ciento tanto de consuelo y deleite en esta vida, de manera que puede muy bien decir el alma: *y toda deuda paga*" (Ll 2, 23). Todas las penas y sufrimientos padecidos durante el largo viaje parecen ahora nada. Más aún, estaría el alma dispuesta a sufrir otros tantos por lograr la unión con el Amado. Pero una vez lograda, el amor recibido no tiene comparación al dolor padecido.

De donde, "en este estado de vida tan perfecta, siempre el alma anda interior y exteriormente como de fiesta, y trae con gran frecuencia en el paladar de su espíritu un júbilo de Dios grande, como un cantar nuevo, siempre nuevo, envuelto en alegría y amor en conocimiento de su feliz estado" (Ll 2,36). ¡Bellas palabras y espléndida realidad!

Donde secretamente solo moras. "¡Oh, cuán dichosa es esa alma que siempre siente estar Dios descansando y reposando en su seno! ¡Oh, cuánto le conviene apartarse de cosas, huir de negocios y vivir con inmensa tranquilidad, porque aun con la más mínima motica o bullicio no inquiete ni revuelva el seno del Amado! Está él allí de ordinario como *dormido* en este abrazo con la Esposa, en la sustancia de su alma, al cual ella muy bien siente y de ordinario goza. Porque si estuviese siempre en ella recordado, comunicándose las noticias y los amores, *ya sería estar en gloria*. Porque, si una vez que recuerda tantico abriendo el ojo, pone tal al alma, ¿qué sería si de ordinario estuviese en ella para ella bien despierto?…En este recuerdo que el Esposo hace en esta alma perfecta, todo lo que pasa y se hace es perfecto, porque lo hace él todo" (Ll 4,15-16). Falta la definitiva revelación de Dios al alma, el romper "la tela del dulce encuentro", para que goce de Dios con plenitud total, algo sólo posible en la otra vida.

6. Dios es "lo Santo, el Otro, misterioso"

San Juan de la Cruz nos ha revelado los maravillosos efectos que Dios produce en el alma "transformada en Dios". Tan profundos son que las más de las veces no encuentra palabras para describirlo. Con todo, se adelanta siempre con premura a decirnos que el extraordinario goce que siente el alma de Dios en esta tierra todavía no es el Todo de Dios en sí mismo. En términos de Rudolf Otto, Dios sigue siendo "lo Santo, lo numinoso, el Otro" misterioso, oculto en el más allá, detrás de la nube que lo cubre, "él está sobre el cielo y habla en camino de eternidad; nosotros, ciegos, sobre la tierra, y no entendemos sino vías de carne y tiempo" (S II, 20, 5). "Dios es inmenso y profundo" (S II, 19, 1). "Dios... no tiene modo" (S II, 4,5). Por muy altas que sean las revelaciones y comunicaciones y toques divinos, Dios "todavía es noche oscura en comparación de la beatífica" contemplación (C 39, 13). "La sabiduría de Dios...ningún modo ni manera tiene, ni cae debajo de algún límite de inteligencia" (S II, 16,7).

Lo que goza el alma en el estado de transformación en Dios, a *eterna vida sabe* pero *no es la vida eterna*. En el goce que siente de los atributos divinos, puntualiza muy bien la trascendencia divina y la participación humana de ella. Mi hermosura es *tu hermosura*, mi sabiduría es *tu sabiduría*, mi fortaleza es *tu fortaleza*, mi bondad es *tu bondad*, mi amor es *tu amor*.

En la transformación divina que el alma con la ayuda de Dios logra en esta vida, siente efectos, "con subidísimo deleite de amor...aunque no en revelado y manifiesto grado, como en la otra vida" (C 39, 4).

Por eso, repetimos, no es posible gozar de Dios aquí como en la otra vida, de ahí que el alma "siente en Dios infinita gana" de morir (Ll 1,35) y le pide que "rompa la tela de este dulce encuentro" (Ll 1) y "máteme tu vista y hermosura" (C 11). Esa es la única solución para descubrir definitivamente el misterio profundo de Dios.

Recapitulación

• La *Llama de amor* viva es un poema bellísimo.

- En el comentario del mismo, el Santo nos habla de un amor "calificado y perfeccionado".
- No hay palabras para describir la profunda experiencia mística; sólo se puede sentir, gozar. Decir algo de ella es *balbucir*.
- Es un amor trinitario. El Espíritu de Dios llamea en el alma y la "derrite en amor" (Ll 1,7). Ahora todo sabe a vida eterna (Ll 1,6).
- Amor sublime que refleja todos los atributos divinos en el alma: hermosura, fortaleza, sabiduría, misericordia, etc.
- El alma está siempre de fiesta, con un júbilo de Dios grande.
- Dios permanece oculto en el misterio, *Deus absconditus*.

Apéndice 1

Sobre la meditación

La meditación ha sido una costumbre centenaria y muy arraigada en la espiritualidad cristiana. Sobre todo se ha mantenido viva y floreciente en órdenes religiosas; y algunas de ellas, como la carmelitana, han promovido mucho esta práctica.

A. Un método tradicional

El método de meditación más conocido está basado en la tradicional *Lectio Divina* y se desarrolla en tres partes desiguales en importancia y duración.

1. La *preparación*, sólo debe ocuparnos unos minutos, y consiste en colocarse en la presencia de Dios, abandonando, durante el tiempo dedicado a la meditación, cualquier otra preocupación. En la carta de Santiago leemos: "Acercaos a Dios y él se acercará a vosotros" (St 4, 8).

2. El *cuerpo de la meditación* es la parte más importante de todo el ejercicio y a la que se debe dedicar más tiempo. Comprende las cuatro partes siguientes:

   a. *Consideraciones*. Se escoge un tema de meditación. Para ello nos servimos normalmente de un libro que puede ser la Biblia u otro de carácter piadoso que nos invite a reflexiones orientadas a mejorar de vida. Se lee un pasaje del libro seleccionado, y durante cierto tiempo analizamos lo leído desde todos los puntos de vista, siempre con el último objetivo de lograr algo práctico para nuestra vida. El fin perseguido no es dilucidar un tema teológico o filosófico; tampoco se trata de establecer comparaciones entre lo que hemos leído en el libro y las opiniones que cualquier autor pudiera tener sobre el tema. Nuestra reflexión ha de ser sencilla, calmada y centrada en el asunto que esperamos nos ayude a mejorar de conducta.

Si leemos algo de la Biblia no lo hacemos con el fin de aprender ese pasaje de memoria. Tampoco hemos de entretenernos en análisis hermenéuticos o profesionales. A veces, una sola palabra, y otras una sola frase, puede ser suficiente para cerrar la Biblia y centrarnos en lo que hemos leído y que ha tocado nuestra sensibilidad.

Una vez que hemos reflexionado sobre el tema suficientemente, debemos aplicarlo a nuestras vidas. Si hemos pensado en algún pasaje de la vida de Jesucristo, ¿cómo actuamos nosotros en comparación a la conducta de Cristo? ¿Qué puedo hacer para acercarme al modelo de Cristo? Si hemos meditado sobre alguna virtud, el amor, la fe o la esperanza, ¿vivimos nosotros lo que implican esas virtudes, o fallamos constantemente? ¿Qué podemos hacer para fortalecer la fe, consolidar la esperanza, y madurar el amor?

Hasta este momento todo el ejercicio ha sido todavía mental, y no es lo más importante de la oración, sino un paso introductorio.

b. *Afecciones.* Los últimos pasos de la parte reflexiva nos fueron acercando a esta parte, que es la más importante. Las últimas consideraciones deben tocarnos ya en el corazón. Desde ese momento dejamos el trabajo de la inteligencia para que la voluntad se dedique de lleno a crear emociones, sentimientos y afectos, provocados por la reflexión. En general hemos de llegar a sentimientos conducentes a evitar el pecado y a fortalecer nuestra vida espiritual, nuestro carácter. Con el tiempo se ha de notar en nosotros una gran mejora de vida. Más aún, con una práctica intensiva e ininterrumpida, a través de los años, nuestra alma se está predisponiendo para el siguiente nivel, mucho más sublime, llamado la contemplación. Sin embargo, según la opinión de los místicos –y hemos visto en san Juan de la Cruz– la contemplación es un don divino que supera todos nuestros esfuerzos. Dios se lo otorga solamente a aquellas personas que están dispuestas a soportar y afrontar todos los sufrimientos espirituales y psicológicos que implica la purificación contemplativa. Quienes reciben de Dios tal don, llega un momento que consiguen –siempre con la ayuda divina – la unión o transformación total en Dios en esta tierra. Momento sublime reservado a muy pocos.

c. *Peticiones.* Es un momento importante de la meditación. Probablemente en nuestras consideraciones afectivas hayamos llegado a la conclusión de que nos encontramos muy lejos de la perfección. Probablemente, en nuestro fervor, quisiéramos cambiar radicalmente de conducta en unos instantes. Tal vez sea muy elevado nuestro objetivo. Por ello necesitamos la ayuda divina. Hemos de pedir protección y amparo para perseverar en nuestro objetivo. También podemos incluir otras peticiones, por la iglesia, familiares, amigos, etc.

d. *Resolución.* Aquí termina el cuerpo de la meditación. Si hemos sido sinceros y consecuentes hasta este momento, sin duda alguna queremos formular algún propósito. Tal vez quisiéramos cambiar de vida de un plumazo. Tenemos que evitar el hacer propósitos generales. Uno muy concreto y específico es lo mejor. Y hemos de esforzarnos por cumplirlo.

3. *Conclusión.* En unos segundos damos gracias a Dios por las gracias obtenidas durante el rato dedicado a la oración, y se pide perdón por cualquier falta que podamos tener.

B. *Algunas observaciones sobre este método*

Se ha dicho: 1. que consiste primariamente en actos del entendimiento y de la voluntad; 2. que es un proceso preponderantemente activo que parece dar preponderancia al esfuerzo personal en prejuicio de la gracia divina; 3. que, en la multiplicidad, se da vueltas a una realidad buscando sus múltiples aspectos; 4. que mueve a la voluntad como potencia que sigue al entendimiento; 5. que no envuelve a todo el ser humano.

La crisis de la meditación en algunos círculos cristianos procede del tipo de civilización en que vivimos (acelerado y secularizado) y la preponderancia dada a la liturgia o culto público. Sin embargo, en este aspecto debemos recordar lo que apuntamos al principio de este libro con Prosper Guèranger, que la primacía de la liturgia en la iglesia no debe suplantar la oración y meditación individual y privada, sino colocarla en su lugar apropiado. El ser moderno, además de la liturgia o culto público, siente una urgencia de oración privada que llene su vacío interior.

La primacía de la liturgia o culto público como fuente de vida espiritual no se refiere a los ritos externos en sí mismos, sino al misterio de salvación que se realiza en ella, a todas las lecturas bíblicas, colectas, himnos, etc., que son fuente de ponderación, meditación y enriquecimiento espiritual. Lucas nos dice que "María guardaba todas estas cosas, y las meditaba en su corazón" (Lc 2, 19). Y el salmista asegura que meditaba en la ley del Señor "todo el día" (Sal 119, 97) y "día y noche" (Sal. 1, 2).

Un método propuesto por el benedictino John Main, y de inspiración oriental, consiste en sentarse de una manera cómoda, con la espalda erguida, los ojos cerrados, y recitando continuamente una palabra, jaculatoria o mantra. No se debe pensar en su contenido, sino escuchar con sencillez lo que dice. Cuando surjan distracciones se vuelve, siempre sin esfuerzos, a la frase manteniéndose constantemente en una actitud pasiva de escucha y permitiendo que Dios se haga presente hasta llenar el corazón y trasformando todo el ser. Esta actitud receptiva era ya muy aconsejada por santa Teresa a sus hijas: "Sólo os pido que le escuchéis" y "sólo os pido que os dejéis mirar por él". Se trata, pues, de mantenernos constantemente en una situación existencial de apertura ante lo Sublime, Trascendente. Estamos arropados por ese Misterio y no nos damos cuenta.

Otro método muy extendido en Estados Unidos es el difundido por el cisterciense Thomas Keating y conocido con el nombre de "centering prayer". El nombre fue sugerido por un grupo de provinciales de órdenes religiosas de ambos sexos que asistió a un retiro dado por el también cisterciense Basil Pennington. Originalmente, el nombre parece proceder directamente de Thomas Merton, quien lo usó en alguno de sus escritos. Según Keating: "El método se basa primariamente en la obra del siglo XIV *La nube del no saber* y en la doctrina de san Juan de la Cruz, y es un esfuerzo ulterior por presentar la enseñanza de los primeros tiempos en un formato actualizado y darle cierto orden y regularidad". En esencia es una mezcla de la *Lectio Divina* y lo propuesto por

Apéndice 1

John Main. Pues la *Lectio Divina,* como muy bien indica Keating, no consiste tanto en leer de corrida y reflexionar sobre la lectura bíblica sino en leerla lentamente e interiorizarla aceptando siempre la presencia divina y su *acción* en nosotros.

Según esto no hay método exacto o matemático que dé, por igual, excelentes resultados a todo el mundo. San Pablo exhorta a los romanos que toda su vida sea un acto cúltico agradable a Dios (Rm 12, 1). Todo nuestro vivir debe ser un acto litúrgico, de oración y meditación. No puedo menos de pensar aquí en el famoso francés, carmelita descalzo, Hermano Lorenzo de la Resurrección (1691-1792) que llegó a cumbre de la vida mística practicando el ejercicio de la presencia de Dios. Creía que éste era el mejor método para llegar a Dios. Nos dice que empezó a vivir como si sólo Dios y él vivieran en el mundo; naturalmente proyectando siempre esa vivencia divina hacia los demás.

Por lo tanto, el ser humano para llegar a Dios ha de mantenerse en apertura incondicional a la palabra de Dios y olvidarse de sus tendencias egoístas; ha de mantenerse en un diálogo amoroso con Dios; ha de salir de sí mismo en búsqueda de Dios, del encuentro y comunión con él.

Apéndice 2

Reflexiones finales sobre la aportación de los místicos

No es extraño que tras la lectura de los místicos nos embargue una sensación de pequeñez y desánimo. Se mueven en un nivel tan superior al resto de los humanos que parecieran están dotados de un poder divino especial. ¿Qué es lo que les impulsa en esa apasionada búsqueda del más allá? ¿Cómo pueden mantenerse fieles en tan ardua empresa? ¿Sirven sus vidas para avergonzarnos, o para estimularnos hacia la verdadera realidad? ¿Cómo ellos –una verdadera minoría– han podido lograr lo que a los demás nos resulta no sólo difícil sino casi imposible de conseguir? Con todo, la lectura de los místicos, sin duda alguna, nos acerca al Dios bello y poderoso que ellos han encontrado. Cuanto más los leamos mejores seremos.

¿Cuál es pues el mensaje y valor de los místicos para el resto de los humanos?

1. En primer lugar, nos advierten encarecidamente que existe una Realidad profunda que supera y transcienda a la que percibimos con los sentidos. De hecho, esa Realidad que ellos han descubierto es la auténtica, y la denominamos Dios, o de otra manera semejante.

2. Nos dicen que el ser humano con un esfuerzo constante puede predisponerse para –con la ayuda de lo Alto– entrar en contacto con Dios.

3. Ese contacto no puede ser perfecto como lo será en la otra vida, pero ya en ésta produce y causa en nosotros efectos tan profundos que la naturaleza humana de por sí no puede resistir ni tolerar. Dios tiene que retirar su poder arrollador para no destruir este pequeño ser que nosotros somos.

4. Nos dicen que ninguna facultad humana es apta para relacionarse con Dios. Solamente la fe nos sirve de verdadero medio de unión; y por el amor podemos adentrarnos un poco en el misterio de su naturaleza.

5. Así como el amor aquí en la tierra supera cualquier división y diversidad, así el amor profundo a Dios supera cualquier contradicción, duda o inquietud que de él podamos tener. El amor profundo a Dios esclarece todo misterio.

6. Quienes han tenido experiencias de ultratumba y han regresado a este mundo cuentan que una de las interrogantes que creen se les hace es ¿cómo has desarrollado tu capacidad de amar? Los místicos, pues, son los héroes del amor que han potenciado al máximo la capacidad de amar inserta en los humanos. Los místicos han amado con locura y se han preparado verdaderamente para la otra vida.

7. Nos dicen los místicos que la belleza y grandeza de Dios superan, con creces, todo lo creado. No es que rechacen la hermosura de la creación, antes bien, la admiran como obra de Dios; pero, una vez visto Dios, no hay términos de comparación porque él lo supera todo. Debiéramos alegrarnos de un testimonio tan valiente, que nos habla de un Creador sin términos para describirlo.

8. Nos dicen los místicos que si todos amáramos con semejante pasión a Dios, podríamos anticipar ya la gloria. Como no lo hacemos nos acarreamos tantos sufrimientos.

9. Hay en el mensaje de los místicos algo universalmente válido que beneficia a los seres humanos de todos los tiempos. La lectura de esos escaladores de lo infinito nos inspira y colma de admiración.

Bibliografía

Autores carmelitas

A. Álvarez-Suárez, "Claves doctrinales del sistema de San Juan de la Cruz", en *Monte Carmelo* 98 (1990) pp.419-453.

Castellano, Jesús, *Liturgia y vida espiritual. Teología, celebración, experiencia.* Centre de Pastoral Litúrgica, Barcelona, 2006.

Castellano, Jesús, *Pedagogía de la oración cristiana.* Centre de Pastoral Litúrgica, Barcelona, 1996.

Castro, Secundino, *Hacia Dios con san Juan de la Cruz.* Editorial de Espiritualidad, Madrid, 1986.

Castro Martínez, Gabriel, editor de la edición española, *Diccionario de la Mística.* Editorial Monte Carmelo, Burgos, 2000.

De la Cruz, Tomás, *Obras completas de Santa Teresa de Jesús,* Editorial Monte Carmelo, Burgos, 1971.

De san José, Luís, *Concordancias de las obras y escritos del Doctor de la Iglesia, san Juan de la Cruz.* Editorial Monte Carmelo, Burgos, 1980.

De Meester, Conrad, *Brother Lawrence of the Resurrection, Writings and Conversations on the Practice of the Presence of God.* Edición crítica, traducido del francés al inglés por Salvatore Sciurba, ICS Publications, Washington, D.C., 1994.

García, Ciro, *Edith Stein, Una espiritualidad de frontera.* Editorial Monte Carmelo, Burgos, 1988.

Guerra, Augusto, editor, *Nuevo Diccionario de Espiritualidad.* San Pablo, 5ª ed. Madrid, 1991.

Marie-Eugene, *I Wan to See God, I Am a Daughter of the Church, a Practical Synthesis of Carmelite Spirituality.* Traducido del francés al inglés por Sister M. Verda Clare, C.S.C., Two volumes in one, Christian Classics, Inc., Westminster, Philadelphia, 1989.

Martín del Blanco, Mauricio, *"Todo-nada"* en *Diccionario de San Juan de la Cruz.* Editorial Monte Carmelo, páginas 1453-64, Burgos, 2000.

Pacho, Eulogio, *Storia Della Spiritualità Moderna.* Teresianum, Roma, 1984.

Pacho, Eulogio, *San Juan de la Cruz, Obras Completas.* Editorial Monte Carmelo, 1ª ed. Burgos, 1982. (Excelentes introducciones a las obras del Santo).

Pacho, Eulogio, *Vértice de la poesía y de la mística, el "Cántico Espiritual" de San Juan de la Cruz*. Estudios Monte Carmelo 4, Editorial Monte Carmelo, Burgos, 1983.
Pacho, Eulogio, *S. Juan de la Cruz, Temas fundamentarles 1 y 2*. Editorial Monte Carmelo, Burgos, 1984.
Pacho, Eulogio, *San Juan de la Cruz, Proyecto Espiritual, lectura ordenada de los textos*. Editorial Monte Carmelo, Burgos, 1989.
Ruiz, Federico, *Caminos del Espíritu, compendio de teología espiritual*. Editorial de Espiritualidad, 3ª ed. Madrid, 1988.
Ruiz, Federico, *Místico y maestro, San Juan de la Cruz*. Editorial de Espiritualidad, Madrid, 1986.

Otros autores:

Alonso, Dámaso, *La poesía de San Juan de la Cruz*. 5ª ed. Aguilar, Madrid, 1966.
Aranguren, José Luís L. *Catolicismo y Protestantismo como formas de existencia*, 3ª ed., Revista de Occidente, Madrid, 1952.
Arraj, James, *St. John of the Cross and Dr. C. G. Jung*. Chiloquin, Oregon, 1986.
Arraj, James, *St. John of the Cross and Us*. Inner Growth Books, Chiloquin, Oregon, 1999.
Bourgeault, Cynthia, *Centering Prayer and Inner Awakening*, Cowley Publicatons, Cambridge, Massachusetts, 2004.
Cristiani, León, *San Juan de la Cruz*. Editorial de Espiritualidad, 2ª ed. Madrid, 1983.
Cox, Michael, *Handbook of Christian Spirituality*. Harper & Row Publishers, San Francisco, 1983.
Doohan, Leonard, *The Contemporary Challenge of John of the Cross*. ICS Publications, Institute of Carmelite Studies, Washington, D.C., 1995.
Egan, Harvey D. *Christian Mysticism, the future of a tradition*. Pueblo Books, Collegeville, Minnesota, 1984.
Johnston, William, *Silent Music*. Harper& Row, Publishers, New York, 1979.
Johnston, William, *The Inner Eye of Love, Mysticism and Religion*. Harper & Row, Publishers, New York, 1982.
Juan Pablo II, *Maestro en la fe*, (Carta apostólica), 1990.
Keating, Thomas, *Intimacy with God*. The Crossroad Publishing Company, New York, 1997.
Merton, Thomas, *The Ascent to Truth*, Harvest/HBJ Book, San Diego 1981.
Merton, Thomas, *New Seeds of Contemplation*. New Directions, Abbey of Gethsemani, 1961.
Peers, E. Allison, *Spirit of Flame, a Study of St. John of the Cross*. Morehouse-Barlow, Wilton, Connecticut, 1946.
Rodríguez, Isaías A, *Introducción al Culto, La Liturgia como obra del pueblo*, Abingdon Press / AETH, Nashville, 2005.
Siddheswarananda, Swami, *Hindu Though &Carmelite Mysticism*. Motilal Banarsidass Publishers, Delhi, 1998.
Underhill, Evelyn, *Mysticism, The Nature and Development of Spiritual Consciousness*. Oneworld Publications, Oxford, 1993.

www.ingramcontent.com/pod-product-compliance
Lightning Source LLC
Chambersburg PA
CBHW070541170426
43200CB00011B/2511